comme une montagne — de — camphre

Enseignements de Râmana **Maharshi** & **Annamalaï** Swâmî
sur la voie de la non-dualité (Advaita-Vedânta)

Textes réunis par David **Godman**
Traduction française de Gabriel **Baechler**

Discovery Publisher

Pour l'édition anglaise :
Living by the Words of Bhagavan (Diary extracts & Conversations)
©Shrî Annamalai Swâmî Ashram, 1994, 1995

Pour l'édition française :
©Éditions Nataraj, 1996
©Discovery Publisher, 2022

Tous droits réservés. Aucune partie de ce livre ne peut être reproduite ou utilisée sous aucune forme ou par quelque procédé que ce soit, électronique ou mécanique, y compris des photocopies et des rapports ou par aucun moyen de mise en mémoire d'information et de système de récupération sans la permission écrite de l'éditeur.

Auteur : David Godman
Les photos de Râmana Maharshi sont publiées avec la gracieuse autorisation de Shrî Râmanasramam.
Les photos de Swâmî Annamalai sont de Gabriel Baechler.

616 Corporate Way
Valley Cottage, New York
www.discoverypublisher.com
editors@discoverypublisher.com
Fièrement pas sur Facebook ou Twitter

New York • Paris • Dublin • Tokyo • Hong Kong

Table des Matières

Préface 7
  Mots en italique 9
I — Enseignements de Râmana Maharshi 13
  Extraits du journal d'Annamalaï Swâmi (1938-1939) 13
  Questions-réponses 1 à 36 15 à 57
II — Entretiens avec Annamalai Swâmî 59
  Questions-réponses 1 à 24 62 à 157
Bibliographie 161
  Livres 161
  Revues 164
Glossaire 165

comme une montagne de camphre

Enseignements de Râmana **Maharshi** & **Annamalaï** Swâmî
sur la voie de la non-dualité (Advaita-Vedânta)

Textes réunis par David **Godman**
Traduction française de Gabriel **Baechler**

Ouvrages parus dans la collection Nataraj

SAGESSE UNIVERSELLE
* *Dhammapada, la parole du Bouddha*, trad. TK Jayaratne
* *La lumière de l'Inde*, textes d'Alphonse de Lamartine
* *Dieu en Soi — méditations au cœur de l'Inde et du christianisme*, textes présentés par R. Caputo et C. Verdu
* *La philosophie mystique de Simone Weil*, Gaston Kempfner
* *L'imitation de Jésus-Christ*, traduction de Pierre Corneille
* *La mort... sereinement*, Sénèque, *Extraits des lettres à Lucilius*
* *La consolation de la philosophie*, Boèce

COLLECTION SOPHIA PERENNIS
* *Regards sur les mondes anciens*, Frithjof Schuon
* *Trésors du bouddhisme*, Frithjof Schuon

TRÉSORS DE L'INDE SPIRITUELLE
* *Kaivalya Upanishad*, trad. Paul Deussen
* *Je suis Shiva ! Hymnes à la non-dualité de Shankarâchârya*
* *Om, la syllabe primordiale*, textes traduits et présentés par Roberto Caputo
* *Tout est Un*, Anonyme du XIXe siècle
* *Annamalai Swâmî : une vie auprès de Râmana Maharshi*, récit recueilli et mis en forme par David Godman
* *Comme une montagne de camphre*, enseignements de Râmana Maharshi et Annamalai Swâmî présentés par David Godman
* *Bhagavad-Gîtâ, le chant du bienheureux*, traduction d'Émile Burnouf

comme une montagne — de — camphre

Enseignements de Râmana **Maharshi** & **Annamalaï** Swâmî
sur la voie de la non-dualité (Advaita-Vedânta)

Textes réunis par David **Godman**
Traduction française de Gabriel **Baechler**

PRÉFACE

Le bonheur est notre véritable nature. Tel est l'enseignement des Sages. « Oui ! Mais… » Tel est l'écho que leurs paroles suscitent en nous.

« Oui ! » Nous sentons que ce qu'ils disent est vrai. La grâce de leurs paroles, la beauté de leur sourire, et la force tranquille qui émane d'eux, nous réjouissent profondément. Le temps d'une lecture ou d'une rencontre, nous nous sentons paisibles et heureux.

« Mais… » Cela ne dure qu'un temps. À peine le livre refermé, à peine rentrés chez nous, nous retrouvons nos doutes. Nous nous disons : « Bien sûr, il est heureux ! Ce qu'il dit est peut-être vrai ! Mais comment pourrais-je devenir son égal, alors que les circonstances de ma vie sont si défavorables ? Comment pourrais-je être heureux, alors que tant de problèmes m'assaillent ? »

Cette vision de nous-mêmes, nous la tenons pour assurée. C'est à un changement radical de point de vue que nous convient Râmana Maharshi, le grand sage hindou, et Annamalai Swâmî, un de ses plus proches disciples.

« Tenez-vous en arrière de la montagne de problèmes, refusez de les reconnaître comme vôtres et ils vont se dissoudre et disparaître sous vos yeux. » « Ce n'est pas une montagne de roche, c'est une montagne de camphre [un corps solide hautement combustible]. Si vous en allumez un coin avec la flamme de l'attention discriminante, elle sera réduite à néant. »

Chaque entretien, chaque histoire, chaque conseil constituant la trame de ce livre nous invite à modifier notre vision du monde et de nous-mêmes, et s'offre à nous comme un outil de transformation intérieure.

L'ouvrage comporte deux parties. La première comprend des enseignements de Râmana Maharshi, extraits du journal tenu par Annamalai Swâmî à la fin des années 1930. La seconde partie est un recueil d'entretiens avec Annamalai Swâmî, enregistrés en 1986. Ces enseignements et ces entretiens sont les deux derniers chapitres de *Living by the words of Bhagavan,* un livre de David Godman. Dans l'édition anglaise, ils sont précédés d'un récit, qui est la mise en forme par David Godman des souvenirs d'Annamalai Swâmî. Ce récit est publié en français aux éditions Discovery en un volume séparé, intitulé *Annamalai Swâmî : une vie auprès de Râmana Maharshi.* Les lecteurs souhaitant faire plus ample connaissance avec Râmana Maharshi et Annamalai Swâmî sont priés de s'y reporter.

Qu'ils sachent seulement qu'Annamalai Swâmî s'est éteint paisiblement en novembre 1995, quelques mois après avoir livré au monde ce beau témoignage et cette inépuisable source de sagesse et d'inspiration que sont le récit de sa vie auprès de Râmana Maharshi, son journal et ses enseignements.

Gabriel Baechler

Mots en italique

Il y a un glossaire à la fin du livre. Le lecteur y trouvera la définition de la plupart des mots tamils et sanskrits qui apparaissent en italique dans le texte. Conformément au choix de David Godman pour l'édition anglaise, je n'ai pas utilisé les signes diacritiques habituels, parce qu'ils ont tendance à embrouiller les non-initiés. Cependant, j'ai indiqué les voyelles longues de la manière suivante :

- **â** se prononce comme le « a » de « pâte » (plus longue).
- **ê** se prononce comme le « é » de « été » (plus longue).
- **î** se prononce comme le « i » de « fille » (plus longue).
- **û** se prononce comme le « ou » de « cou » (plus longue).
- **ô** se prononce comme le « o » de « dôme » (plus longue).
- La voyelle **u** se prononce comme le « ou » de « cou ».
- La combinaison **sh** se prononce comme « ch » en français.
- La combinaison **ch** se prononce « tch ».
- Les **h** des combinaisons « dh », « ph » et « th » sont aspirés.

BHAGAVAN SHRÎ RÂMANA MAHARSHI

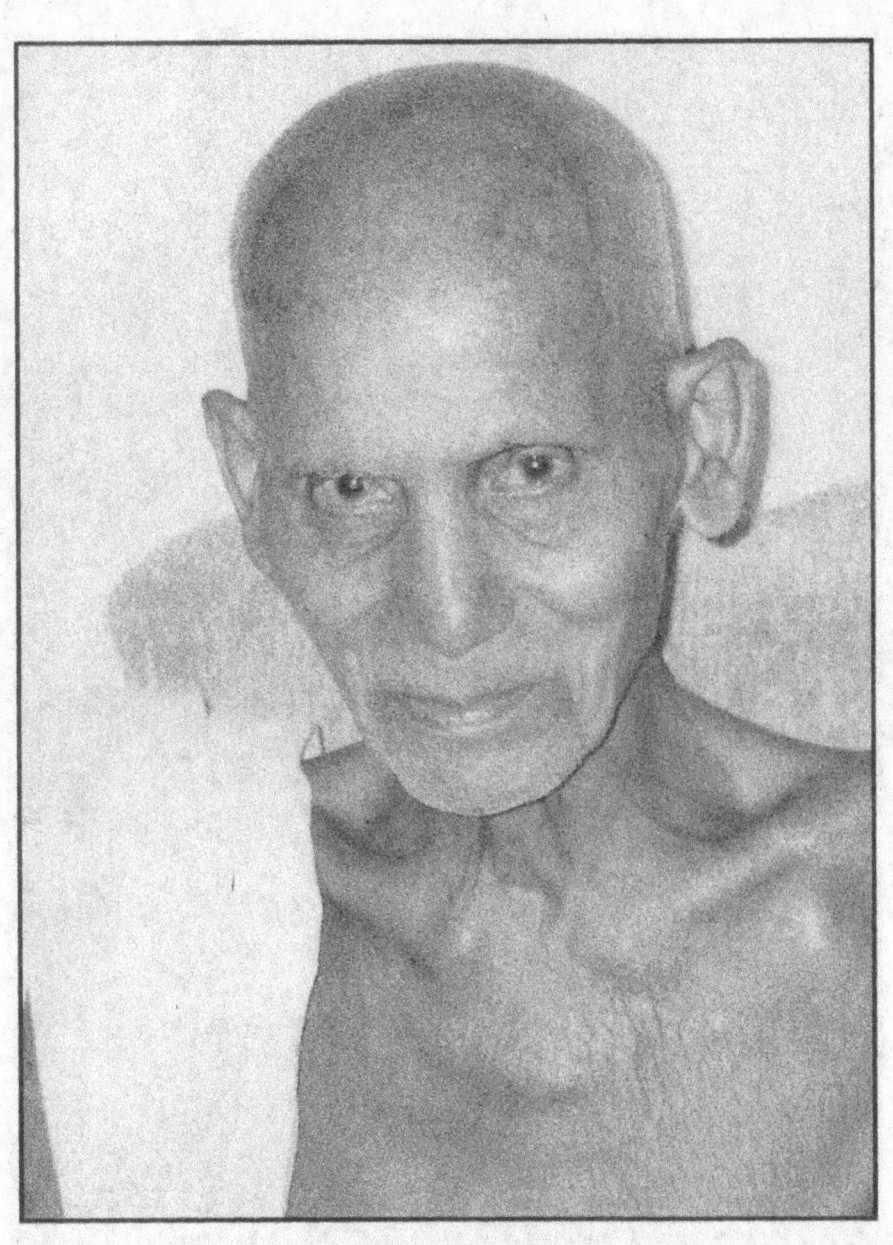

SHRÎ ANNAMALAI SWÂMÎ

I

Enseignements de Râmana Maharshi

Extraits du journal d'Annamalaï Swâmi (1938-1939)

Pendant les dix premières années de ma vie à l'ashram de Râmana Maharshi (Râmanasramam), Bhagavan fit en sorte que je sois tout le temps occupé. Si jamais il voyait que je n'avais rien à faire, il me trouvait de nouvelles tâches, juste pour me maintenir occupé. De ce fait, j'avais très peu de temps libre pendant cette période.

Quand je déménageai à Palakottu, la situation s'inversa : hormis mes tâches ménagères, je n'avais aucun travail à faire, et disposais d'un temps libre presque illimité. Je décidai d'utiliser ce temps pour méditer, étudier les livres que Bhagavan m'avait prescrits, et commencer un journal qui contiendrait des comptes-rendus de ce que Bhagavan avait dit ou fait.

Je commençai le journal pendant la seconde moitié de 1938 et le tins régulièrement pendant environ une année.[1]

1

Les questions suivantes furent posées par une dame américaine d'apparence aristocratique. Les réponses de Bhagavan sont un résumé succinct de ses enseignements pratiques.

Q : Qu'elle est la vérité que je dois atteindre ? Je vous en prie, expliquez-la-moi et montrez-la-moi.

Bhagavan : Ce que nous devons atteindre et ce que tout le monde désire, c'est un bonheur sans fin. Bien que nous cherchions à l'atteindre de différentes manières, ce n'est pas quelque chose que l'on doit chercher ou atteindre comme une nouvelle expérience. Notre nature réelle est le sentiment « Je » que tout le monde éprouve en permanence. Elle est en nous et nulle part ailleurs. Bien que nous en fassions toujours l'expérience, notre mental erre, toujours à sa recherche, pensant par ignorance que c'est quelque chose qui est séparé de nous. C'est comme une personne disant avec sa propre langue qu'elle n'a pas de langue.

---
1. N.d.É. : Les trente-six rubriques de cette section sont des extraits inédits de ce journal. De nombreuses histoires ayant déjà été relatées dans le récit *Annamalaï Swâmî : une vie auprès de Râmana Maharshi*, ouvrage publié chez les éditions Discovery ; David Godman ne les a pas reproduites ici. D'autres passages ont été omis parce qu'ils ont été intégrés dans *L'enseignement de Râmana Maharshi* (entretiens 473-5, 477-501, 602 et 612), ouvrage publié chez Albin Michel.

Q : S'il en est ainsi, pourquoi a-t-on créé tant de *sâdhanâs* [pratiques spirituelles] ?

Bhagavan : Les *sâdhanâs* n'ont pris forme que pour nous aider à nous débarrasser de l'idée qu'il [le Soi] est quelque chose qui doit être nouvellement atteint. La racine de l'illusion est la pensée qui, ignorant le Soi, dit : « Je suis ce corps ». Après s'être élevée, cette pensée se développe rapidement en une myriade de pensées, et cache le Soi. La réalité du Soi ne brillera que si toutes ces pensées sont supprimées. Ce qui reste ensuite n'est que *Brahmânanda* [la félicité de *Brahman*].

Q : Je suis maintenant assise paisiblement sans la pensée « Je suis ce corps ». Cet état est-il la réalité ?

Bhagavan : Cet état doit rester tel qu'il est, sans aucun changement. S'il change au bout d'un moment, vous saurez que les autres pensées ne sont pas parties.

Q : Quel est le moyen de se débarrasser des autres pensées ?

Bhagavan : Elles ne peuvent être supprimées que par le puissant effet de l'investigation : « À qui ces pensées sont-elles venues ? »

Le lendemain, assaillie par de nouveaux doutes, la dame américaine se remit à poser des questions.

Q : Quel est le moyen de voir Dieu ?

Bhagavan : Où voir Dieu ? D'abord, vous voyez-vous vous-même ? Si vous vous voyez, vous voyez Dieu. Quelqu'un voit-il ses propres yeux ? Peut-on dire : « Je n'ai pas d'yeux », parce qu'on ne les voit pas ? De même, bien que la vision soit toujours là, nous ne voyons pas Dieu. Arrêter de penser que nous sommes étrangers à Dieu, c'est voir Dieu. La chose la plus surprenante en ce monde, c'est la pensée : « Je suis différent de Dieu. » Il n'y a rien de plus surprenant que cela.

Il y a une histoire dans la *Chândogya Upanishad* qui illustre cela. Un homme qui dormait profondément chez lui se mit à rêver. Dans le rêve, quelqu'un vint, lui mit de la drogue dans le nez, puis, après lui avoir bandé les yeux et lié les mains, l'abandonna au milieu d'une forêt et s'en alla. Ignorant le chemin pour rentrer chez lui, il erra longtemps parmi les épines et les pierres de la forêt. Finalement, il se mit à crier.

Un *deva* [une entité spirituelle] apparut et demanda : « Pourquoi criez-vous ? Qui êtes-vous ? Pourquoi êtes-vous venu ici ? »

L'homme aux yeux bandés déclina son identité : nom, village, etc.

Puis il dit : « Quelqu'un est venu et m'a drogué, bandé les yeux, lié les mains, abandonné au milieu de la forêt, et s'en est allé. »

Le *deva* le libéra de ses liens, lui montra un chemin et lui dit : « Si vous suivez ce chemin, vous atteindrez votre village. »

L'homme suivit les instructions, atteignit son village et rentra chez lui. À ce moment, il se réveilla de son rêve. Il regarda la porte et vit qu'elle était verrouillée de l'intérieur. Il réalisa qu'il avait passé toute la nuit dans son lit ; il n'avait jamais été dans une forêt ni n'en était revenu. Il comprit que la cause de toute sa souffrance était son *avichâra buddhi* [son manque d'investigation discernante].

L'idée que nous sommes séparés de Dieu et l'idée que nous devons entreprendre une *sâdhanâ* ardue pour L'atteindre, sont aussi fausses que les idées de cet homme dans son rêve. Tandis qu'il était couché tranquillement dans son lit, son imagination lui fit croire qu'il était en train de souffrir dans une forêt et qu'il lui fallait faire de gros efforts pour retourner dans son lit. On atteint Dieu et on demeure dans l'état du Soi quand la pensée de vouloir l'atteindre disparaît.

2

Les questions suivantes furent posées par Maurice Frydman :

Q : Shrî Bhagavan a écrit [*Ulladu Nârpadu Anubandham*, verset 39] que l'on ne devrait pas manifester l'*advaita* dans nos activités. Pourquoi donc ? Tout est un. Pourquoi différencier ?

Bhagavan : Aimeriez-vous vous asseoir sur le siège où je suis assis ?

Q : Je n'y songe pas. Mais si je venais m'y asseoir, le *sarvâdhikari* et les autres personnes qui se trouvent ici me frapperaient et me chasseraient.

Bhagavan : Oui, en effet, personne ne vous laisserait vous asseoir ici. Si vous voyiez quelqu'un attenter à la pudeur d'une femme, le laisseriez-vous faire sous prétexte que « Tout est un » ? Il y a une histoire à ce sujet dans les Écritures. Un jour des gens se réunirent pour vérifier s'il est bien vrai, comme le dit la *Bhagavad Gîtâ*, qu'aux yeux d'un *jnâni* tout est un. Ils amenèrent un brahmane, un intouchable, une vache, un éléphant, et un chien à la cour du roi Janaka, qui était un *jnâni*. Quand ils arrivèrent, le roi Janaka fit conduire le brahmane dans les lieux réservés aux brahmanes, la vache à l'étable, l'éléphant dans le lieu assigné aux éléphants, le chien dans le chenil et l'intouchable à l'endroit où vivaient les autres intouchables. Puis il ordonna à ses serviteurs de prendre soin de ses hôtes et de servir à chacun une nourriture appropriée.

Les gens demandèrent : « Pourquoi les avez-vous séparés individuellement ? Tout n'est-il pas un à vos yeux ? »

« Oui, tous sont un, répondit Janaka, mais le contentement varie selon la nature de l'individu. Un homme est-il tenté de manger le foin dont se nourrit la vache ? La vache aimerait-elle la nourriture que mange un homme ? On ne devrait donner à chacun, animal ou personne, que ce qui est susceptible de le contenter. »

Bien qu'un seul et même homme puisse jouer les rôles de tous les personnages d'une pièce, ses actes sont déterminés par le rôle qu'il joue sur le moment. Dans le rôle d'un roi, il s'assit sur un trône et gouverne. Si la même personne joue le rôle d'un serviteur, elle portera les sandales de son maître et le suivra. Ces rôles n'affectent pas son vrai Soi : ils ne le grandissent pas ni ne le diminuent. Le *jnâni* n'oublie jamais qu'il a lui-même joué tous ces rôles par le passé.

3

Q : Bhagavan, j'ai beaucoup lu les *Vedas* et les *shâstras* [Écritures], mais n'en ai pas retiré la moindre parcelle d'*Âtma jnâna* [connaissance du Soi]. Pourquoi donc ?

Bhagavan : Vous ne retirerez *Âtma jnâna* des *shâstras* que si cette connaissance s'y trouve. Si vous portez votre attention sur les Écritures, il en résultera une connaissance des Écritures. Si vous portez votre attention sur le Soi, la connaissance du Soi resplendira.

Q : Comment voir le Soi ?

Bhagavan : Tout le monde dit « Je suis ». Comment savons-nous que c'est vrai ? Dites-le-moi. Est-ce après nous être regardé dans un miroir ? Au terme d'une recherche dans les Écritures ?

Si le Soi est quelque chose que l'on peut voir, il doit y en avoir deux [le soi qui regarde et le Soi qui est vu]. Admettez-vous que vous avez deux moi ?

Q : Non.

Bhagavan : La réalité est une, et une seulement : comment pourrait-il y avoir un autre soi destiné à être vu ? Chacun voit le Soi partout, mais sans en avoir conscience. Quel dommage ! Mais qu'y faire ? Si l'on abandonne la pensée « Je suis ce corps », tout ce qui est vu est uniquement le Soi.

Q : Que me faut-il faire ? Quel est mon devoir ?

Bhagavan : Pour l'heure vous n'avez rien à faire. Recherchez « Qui suis-je ? » Puis, quand vous aurez trouvé qui vous êtes, s'il y a encore quelque devoir, il pourra être accompli.

4

Un soir, un dévot demanda à Shrî Bhagavan : « Vous avez affirmé qu'*Âtma vidyâ* [connaissance du Soi] est très facile.[2] Comment peut-il en être ainsi ? »

Bhagavan répondit : « Comme modèle de perception directe, tout le monde va citer l'exemple du *nellikai* dans la paume de la main.[3] Le Soi est même plus directement perceptible que le fruit dans la paume. Pour qu'il y ait perception du fruit, il faut le fruit, la paume où le déposer, et les yeux pour le voir. Le mental doit aussi être en état de traiter l'information. Sans qu'un seul de ces quatre éléments ne soit requis, même quelqu'un de peu instruit peut dire à partir de son expérience directe : « Je suis ». C'est parce que le Soi existe simplement en tant que le sentiment « Je suis », qu'*Âtma vidyâ* est vraiment très facile. Le chemin le plus facile consiste à voir celui qui va atteindre l'*Âtma*.

Un peu plus tard, un autre dévot posa une question similaire. Bhagavan répondit de la même manière :

Q : Pourquoi ne peut-on pas percevoir le Soi directement ?

Bhagavan : Il n'y a que le Soi dont on peut dire qu'il est perçu directement [*pratyaksha*].[4] Rien d'autre ne peut être dit *pratyaksha*. Bien que nous ayons cette perception directe, la pensée « Je suis ce corps » la voile. Si nous laissons tomber cette pensée, le Soi, qui est toujours dans le champ de perception directe de tout un chacun, va resplendir.

Q : Ça paraît tellement simple quand Shrî Bhagavan l'explique. Il n'empêche que la pensée : « Je suis le corps », ne nous quitte pas pour autant.

Bhagavan : Elle ne vous quitte pas parce qu'elle est très tenace.

Q : Pourquoi et comment cette pensée a-t-elle vu le jour ?

---

2. Le questionneur fait référence au refrain (*pallavi*) et au sous-refrain (*anupallavi*) d'Âtma Vidyâ Kîrtanam.
   La connaissance de Soi est chose facile, c'est la chose la plus facile.
   Le Soi est quelque chose de parfaitement réel même pour l'homme le plus ordinaire.
   On peut dire que quelque chose d'aussi évident qu'une groseille dans la paume de la main est une illusion en comparaison.
3. Un *nellikai* ressemble à une groseille à maquereau, sauf qu'elle ne pousse pas sur un arbre, mais sur un buisson. De ce qui saute aux yeux, les tamils disent facilement : « C'est aussi évident qu'un *nellikai* dans la paume de la main. »
4. Dans la philosophie indienne, le terme *pratyaksha* est souvent utilisé pour désigner une expérience directe des sens. Ainsi, entendre un bruit ou percevoir une saveur particulière est *pratyaksha*. Cependant, comme Bhagavan l'a clairement démontré dans sa réponse précédente, de telles expériences sont indirectes puisqu'elles ne peuvent être faites que par l'intermédiaire du mental et des sens. Quand quelqu'un utilisait le terme *pratyaksha* dans une conversation, Bhagavan faisait souvent remarquer que seule la conscience subjective de "Je suis" est *pratyaksha* puisque toutes les autres expériences passent par les fonctions du corps et du mental.

Bhagavan : Elle n'a pu voir le jour qu'à cause d'un manque d'investigation de votre part. Un verset de *Kaivalya Navanîtam* (2.95) donne la même explication :

> Comme sa nature est indéterminable, on dit que *mâyâ* est inexprimable. Ils sont sous son emprise ceux qui pensent : « Ceci est à moi – Je suis le corps – Le monde est réel. » Ô mon fils ! Personne ne peut savoir au juste comment cette mystérieuse illusion vit le jour. Quant à la raison pour laquelle elle fit son apparition, c'est notre manque d'investigation et de perspicacité.

Si nous voyons le Soi, les objets que nous voyons ne nous paraissent pas séparés de nous. Ayant vu toutes les lettres sur une feuille de papier, nous perdons de vue la feuille qui en est le support. De même, la souffrance ne fait son apparition que parce que nous voyons ce qui est surimposé sans voir le support lui-même. En regardant ce qui est surimposé, on ne devrait pas perdre de vue le substrat.

Comment étions-nous pendant le sommeil ? Pendant que nous dormions, les diverses pensées telles que « ce corps », « ce monde » n'étaient pas là. Ça devrait être difficile de s'identifier à ces états [veille et rêve] qui apparaissent et disparaissent [mais tout le monde le fait].

Tout le monde éprouve : « Je suis toujours. » Pour pouvoir dire : « J'ai bien dormi », « Je me suis réveillé », « J'ai rêvé », « Pendant que j'étais sans connaissance, je n'avais conscience de rien », il faut que l'on existe et que l'on soit conscient d'exister dans chacun de ces trois états. Si l'on cherche le Soi en disant : « Je ne me vois pas moi-même », où pourrait-on bien le trouver ? Pour savoir que tout ce que nous voyons est le Soi, il suffit que la pensée je-suis-le-corps cesse d'exister.

5

Q : Qu'est-ce que *satsang* ?[5]

Bhagavan : *Satsang* signifie seulement *Âtma sang* [contact conscient avec le Soi]. Seuls ceux qui sont incapables d'un tel contact ont besoin de rester en compagnie d'êtres réalisés ou de *sâdhus*.

Q : Quand peut-on bénéficier de la compagnie de *sâdhus* ?

Bhagavan : L'occasion d'être en compagnie d'un *Sadguru* se présente sans aucun effort de leur part à ceux qui se sont adonnés au culte de Dieu, ont pratiqué *japa*, accompli des *tapas*, fait des pèlerinages, etc., pendant de

---

5. Cela signifie habituellement « fréquentation de ceux qui ont réalisé le Soi ». Mais, comme « sat » signifie « être », « vérité » ou « réalité », cela peut se traduire plus littéralement par « contact avec l'être » ou « contact avec ce qui est réel ».

longues périodes durant leurs précédentes incarnations. Il y a un verset de Tâyumânavar qui exprime la même idée : « Ô Seigneur des premiers et des derniers ! ceux qui entreprennent le culte des idoles, des lieux saints et des eaux sacrées rencontreront le *Sadguru* qui leur parlera de la vérité. »

Seul celui qui a accompli beaucoup de *nishkâmya karmas* [actions accomplies sans idée de récompense ni considération des conséquences] dans ses incarnations précédentes aura une grande foi en son Gourou. Riche de sa foi, il se fiera aux paroles du Gourou, suivra le chemin de la libération et parviendra au but.

Q : Là où nous vivons, il n'y a pas de *sâdhu*. Que pouvons-nous faire ? Il nous est impossible d'avoir chaque jour le *darshan* de *sâdhus*.

Bhagavan : Qu'y faire ? Les images, les noms de Dieu et les *pûjas* ont été créés dans ce but. Seuls ceux qui ont obtenu la grâce d'Îshwara bénéficieront de la grâce du Gourou. C'est uniquement par la grâce du Gourou que l'on peut atteindre la grâce du Soi qui est en nous. Cela seul est *moksha* ou libération.

Une autre fois, Bhagavan expliqua l'importance et l'éminente valeur du *satsang* en citant le *Sûta Samhitâ* :

> Ceux qui sont vus par les yeux des *jîvanmuktas* [libérés de leur vivant] sont affranchis de plusieurs sortes de péchés et deviennent eux-mêmes des *jîvanmuktas*. La famille du *jîvanmukta* est purifiée. Sa mère elle-même est une personne qui a fait ce qu'il y avait à faire. La terre entière est purifiée par lui.

Après avoir dit qu'il y avait, dans le *Sûta Samhitâ*, beaucoup d'autres passages qui glorifiaient les *jnânis*, Bhagavan poursuivit en disant : « Quand un *jnâni* vient au monde, tout le monde en bénéficie : les dévots, les disciples, ceux qui sont indifférents à Dieu, et même les pécheurs. Les vies de bien des personnes démontrent et illustrent ce fait. »

Comme Bhagavan louait si fréquemment l'éminente valeur du *satsang* et de la grâce, je lui demandai un jour : « On dit qu'on ne peut atteindre facilement *moksha* que par la grâce du Gourou. Comment cela se fait-il ? »

Bhagavan répondit : « La maison de *moksha* n'est nulle part à l'extérieur. Elle est en chacun. Quiconque a un fort désir d'atteindre *moksha* est attiré par le Gourou intérieur. Le Gourou extérieur lève ses mains et le pousse à l'intérieur. C'est ainsi qu'agit la grâce du Gourou. »

Bhagavan cita ensuite deux de ses versets favoris de *Kaivalya Navanîtam* dans lesquels le disciple remercie le Gourou de lui avoir accordé la grâce qui lui a permis de réaliser le Soi.

> 1.86 « Seigneur, tu es la réalité ! Tu es mon Soi le plus intérieur ! Tu

m'as guidé pendant toutes mes innombrables incarnations ! Gloire à toi qui as pris une forme extérieure pour m'instruire ! Ta grâce m'a libéré. Je ne sais comment te payer en retour. Gloire ! Gloire à tes pieds saints ! »

1.87 Le Maître l'inondait de grâce pendant qu'il parlait. Il l'attira plus près de lui et lui dit affectueusement : « Demeurer ferme dans le Soi, en ne laissant aucune des trois formes d'obstacles [l'ignorance, le doute et la connaissance dérivée de prémisses erronées] venir obstruer ton expérience, est la plus belle manière dont tu puisses me payer en retour. »

6

Q : L'apparition de l'univers différencié est-elle vraie ou fausse ?

Bhagavan : Ça dépend comment on envisage les termes « vrai » et « faux ». Si on regarde *Brahman,* il n'y a pas d'univers.

Q : Alors, pourquoi l'univers apparaît-il ?

Bhagavan : Apparaît à qui ? L'univers ne dit pas : « Je suis ». Vous dites que l'univers apparaît ? Est-ce si évident ? À qui cet univers apparaît-il ?

Q : À moi.

Bhagavan : Qui êtes-vous ? Découvrez qui vous êtes. Ensuite, dites-moi s'il y a un univers.

Q : L'état de *samâdhi* ne m'est pas encore venu.

Bhagavan : Ce n'est pas un état qui va et vient. C'est notre état naturel, qui existe de toute éternité.

Q : Swâmî, puis-je adopter la *bhâvana* [attitude mentale] « Je suis *Brahman* » ?

Bhagavan : Si vous adoptez l'attitude : « Je suis *Brahman* », vous recevrez de nombreux coups. Pourquoi ? Parce que tout est déjà *Brahman.* Pourquoi faudrait-il adopter cette attitude ? Est-il nécessaire d'adopter l'attitude : « Je suis un homme » ? Si la pensée : « Je suis le corps », est là, alors, il est nécessaire d'adopter l'attitude : « Non, je ne suis pas cela. »

Q : Comme j'ai une femme et des enfants, j'ai beaucoup de problèmes. Je ne peux pas y échapper.

Bhagavan : Le *samsâra* extérieur [flot des activités du monde] ne peut pas vous atteindre. Seul le *samsâra* intérieur [activités mentales] doit être abandonné.

Q : Ça ne dure que cinq minutes. Puis cela change.

Bhagavan : [Après être resté silencieux un moment] Ce genre de pensées doivent disparaître.

7

Un dévot de Trichy amena son fils dans le Hall. Après avoir fait *namaskâram* à Bhagavan, il s'assit. Le garçon, bien qu'encore très jeune, était manifestement très tourmenté.

Après qu'ils se furent assis tous les deux, Bhagavan demanda : « Par quel train êtes-vous arrivé ? »

Le dévot répondit : « Nous sommes arrivés ce matin par le train de huit heures et demie. »

Bhagavan demanda ensuite : « Comment va Dattatreya [le garçon au regard tourmenté] ? »

Le dévot répondit : « Après avoir essayé sans succès toutes sortes de médicaments et de *mantras*, nous sommes en dernier ressort venus voir Shrî Bhagavan. » Pendant qu'il disait cela, il joignit les mains en signe de supplication.

Shrî Bhagavan parla à l'enfant : « Puisque tu t'appelles Dattatreya, pourquoi te tourmenter de la sorte ? Tu devrais toujours être heureux. À quoi bon, au lieu de cela, troubler la félicité avec le mental ? »

Bhagavan raconta ensuite à l'enfant et à tous les autres dévots l'histoire du *jnâni* Dattatreya qui vécut il y a fort longtemps.

« Dattatreya avait l'habitude d'errer dans les bois sans même un *kaupîna* (pagne). Il était toujours ivre de la félicité de *Brahman*. Voyant cela, Yadu Maharaj [un dirigeant local] se dit : "Comment se fait-il qu'il soit toujours heureux ? J'ai beau tout avoir, je souffre encore." »

« Un jour, tout à cette pensée, il alla voir Dattatreya et lui demanda : "Comment se fait-il que vous soyez toujours ivre de félicité ?" »

« Dattatreya répondit : "Qu'y a-t-il d'autre que la félicité ?" »

« Le roi lui demanda : "Comment cette félicité vous est-elle venue ?" »

« Dattatreya répondit : "Pour parvenir à cette félicité [*ânanda*], j'ai eu bon nombre d'*âchâryas* [instructeurs]. Elle m'est venue par eux." »

« Quand le roi lui demanda qui avaient été ses instructeurs, Dattatreya lui raconta une longue histoire.

« "Ô, Roi, j'ai eu vingt-quatre Gourous. C'est l'investigation que je menais avec mon intellect qui m'a permis de les comprendre. Grâce à ces *âchâryas*, je suis parvenu à la connaissance et j'erre de par le monde comme un *mukta* [un libéré]. Comprends qui sont ces *âchâryas* : la terre, l'air, le ciel, l'eau, le feu, le soleil, la lune, un pigeon sauvage, un python, l'océan, une sauterelle, une abeille, un éléphant, un ramasseur de miel, un cerf, Pingala la prostituée, un enfant, une petite fille, un archer, un serpent et quelques autres. Parmi les vingt-quatre, je n'en ai guère omis.

« "La terre m'a appris la patience ; l'air, l'omniprésence ; le ciel, le non-attachement ; le feu, l'incorruptibilité ; l'eau, la pureté ; et la lune, la vérité que tous les changements concernent le corps et non le Soi.

« "Le soleil brille également sur toutes choses, mais il n'est pas affecté par elles. De cela, j'ai appris que bien que le yogi voie des objets, il ne doit pas être affecté par les *gunas* qui sont la cause de leurs interactions.

« "Du pigeon sauvage, j'ai appris que quiconque s'attache à sa résidence sera déchu de sa position élevée. J'ai compris qu'à l'image du python, on doit prendre toute nourriture qui se présente d'elle-même. L'océan m'a appris qu'il convient d'être placide, majestueux, impassible et insondable.

« "La sauterelle qui tombe dans la flamme de la lampe est brûlée vive. Voyant cela, j'ai compris qu'un homme qui tombe dans le feu du désir des femmes périt. J'ai appris de l'abeille que l'on devrait prendre la nourriture nécessaire pour nourrir son corps sans obliger les autres à donner.

« "Même le puissant éléphant mâle éprouve de la souffrance lorsqu'il entre en contact avec une femelle. J'en ai tiré la leçon qu'un homme est aussi sujet à la souffrance s'il est touché par une femme ou s'il passe du temps parmi des femmes.

« "Le ramasseur de miel vole aux abeilles tout le miel qu'elles ont passé plusieurs jours à recueillir. Il m'a démontré que l'on se fait souvent dérober par autrui les richesses que l'on a très péniblement acquises.

« "Attiré par la musique du chasseur, le cerf se fait prendre à son filet. De la même façon, un *sannyâsin* tombera en esclavage s'il donne prise à *moha* [illusion causée par le désir]. J'ai donc appris du cerf qu'un *sannyâsin* ne devrait pas prêter attention aux objets des sens.

« "Incapable de maîtriser sa « langue », le poisson meurt après avoir été pris à l'hameçon. Il m'a enseigné que quiconque ne maîtrise pas sa « langue » [c'est-à-dire son désir des choses savoureuses] souffrira. On doit maîtriser sa « langue ».

« "Un jour, après s'être joliment parée, Pingala la courtisane flânait en attendant un amoureux qui avait promis de lui amener de l'argent. Comme il n'arrivait pas, elle devint triste et abattue. Son visage pâlit et l'angoisse la gagna. Elle recherchera la cause de son angoisse et comprit la nature douloureuse des plaisirs mesquins. Quand elle découvrit que la source de tout bonheur est le Soi Suprême, elle atteignit le détachement [*vairâgya*]. En s'adonnant au culte du Soi Suprême comme son mari, elle atteignit le vrai bonheur de la connaissance [*jnâna*]. De Pingala la courtisane, j'ai appris que le bonheur n'est pas à l'extérieur et que la seule chose qui vaille d'être recherchée, c'est le bonheur du Soi.

« "J'ai appris de l'enfant qu'il nous faut être indifférent à l'honneur et au déshonneur.

« "Je vais maintenant te raconter l'histoire de la petite fille. Une fois, tandis que ses parents n'étaient pas au village, plusieurs personnes vinrent la demander en mariage. Elle voulut tous les nourrir, mais quand elle commença à moudre le paddy [riz non décortiqué] elle-même afin d'avoir du riz à cuisiner pour eux, elle se sentit gênée à cause du bruit que faisaient ses bracelets. Après qu'elle en eut ôté un de chaque main, le bruit cessa. Cet acte de la petite fille m'a fait comprendre qu'un yogi devrait toujours rester seul.

« "Du faiseur de flèches, j'ai appris que l'on devrait toujours rester concentré sur ses objectifs.

« "Le serpent vit heureux dans le trou creusé par le rat. De ce serpent, j'ai appris à vivre heureux dans la maison d'autrui.

« "J'ai un vingt-cinquième gourou : c'est mon corps. Ce corps est la cause de ma connaissance [*jnâna*] et de mon détachement [*vairâgya*]. M'étant fondu en Hari [Dieu], le Soi, avec amour et dévotion, mon état est maintenant identique à l'état de celui qui ne sait rien."

« C'est ainsi que Dattatreya enseigna à Yadu Maharaj toute la connaissance [*jnâna*] qu'il avait acquise grâce à ses vingt-cinq gourous, et acheva son histoire. »

Ayant rapporté au jeune garçon tous les enseignements [*upadesas*] que Dattatreya avait rapportés au roi, Bhagavan lui demanda gentiment : « Toi aussi tu t'appelles Dattatreya, n'est-ce pas ? Ne serait-ce que par égard pour ton nom, tu te dois d'être heureux ! »

8

La première des deux questions suivantes fut posée par le Dr Syed Sahib, la seconde, par un dévot inconnu.

Q : Dieu est omniprésent. Pourquoi devrait-Il se manifester en tant qu'*avatâra* [Dieu incarné dans un corps physique] d'âge en âge ? Ne pourrait-Il pas remplir Sa fonction simplement en étant présent partout ?

Le disciple : « Ô Maître ! Vous qui, comme Îshwara, êtes une fonction sans forme et apparaissez sous une forme humaine [ici], vous parlez du *jnâni* et d'Îshwara comme s'ils étaient identiques. Comment peut-il en être ainsi ? »

Le Maître : « Oui. Îshwara et le *jnâni* sont identiques parce qu'ils sont libres de "je" et de "mien". Le *jnâni* est lui-même Îshwara, la totalité des *jîvas* et aussi le cosmos. »

9

En août 1939, je posai une question à Bhagavan à propos du *karma* : « Bhagavan dit que lorsqu'on atteint *jnâna*, les trois *karmas*[6] cessent d'exister. Mais dans *Kaivalya Navanîtam* [1.103] il est dit que le *jnâni* n'expérimentera que le *prârabdha karma*. Pourquoi cette affirmation ? »

Bhagavan répondit : « *Prârabdha* est la règle avant l'obtention de *jnâna*. À proprement parler, même après avoir atteint *jnâna*, un *jnâni* semble expérimenter le *prârabdha* aux yeux de son entourage. Il y a plusieurs exemples que l'on utilise communément pour expliquer cela : un ventilateur électrique continue de tourner pendant un moment après qu'on l'a éteint ; une corde brûlée garde l'apparence d'une corde, mais ne peut pas être utilisée pour attacher quelque chose ; un arbre que l'on a abattu ressemble à un arbre vivant, mais n'est plus vivant ; des pois grillés ont toujours l'apparence de pois, mais ils ne peuvent plus germer.

« On peut comparer le *prârabdha* d'un *jnâni* à de tels exemples. Quand d'autres personnes regardent un *jnâni*, il leur semble que le *jnâni* expérimente le *prârabdha*, mais du point de vue du *jnâni*, il n'y a pas de *prârabdha* du tout. »

Deux mois plus tôt, j'avais posé une question semblable à Bhagavan : « Dans les Écritures on dit que même un *jîvanmukta* se comportera conformément à son *prârabdha*. Pourquoi *Bhagavan* nous dit-il qu'un *jnâni* n'a pas de *prârabdha* ? »

Cette fois-là, Bhagavan avait répondu : « Pour le *jnâni*, il n'y a ni *shâstras*, ni *prârabdha*. Ce genre de questions n'a aucun intérêt pour le *jnâni*. Toutes les règles des *shâstras* n'ont été créées que pour les *ajnânis* [ceux qui ne sont pas des *jnânis*]. Prenons un exemple. Disons qu'un homme a trois

---

6. a) *Sanchita karma* : la masse de dettes karmiques accumulées pendant nos incarnations précédentes.
b) *Prârabdha karma* : cette part du *sanchita karma* qui doit être épuisée durant la vie présente. Comme la loi du *karma* implique le déterminisme, *prârabdha* est souvent traduit par « destinée ».
c) *Agâmya karma* : nouveau *karma* accumulé dans la vie présente, qui est emporté dans les vies futures.

femmes. Qui serait d'accord avec nous si après sa mort nous affirmions que seules deux de ses anciennes femmes sont veuves? N'est-il pas vrai qu'elles sont toutes les trois veuves?[7] De même, les trois sortes de *karma* sont inexistantes aux yeux du *jnâni*. Il n'y a de *prârabdha* que pour ceux qui voient ce problème et posent des questions à son sujet. »

10

On posait fréquemment à Bhagavan des questions sur l'état du *jnâni*. Il donnait souvent des réponses évasives, ou demandait au questionneur de chercher qui posait la question, mais je me souviens d'une fois où il donna lui-même spontanément des informations sans que personne ne l'eût questionné. Tandis qu'il regardait un petit enfant dans le Hall, il fit soudain cette remarque: « On ne peut atteindre la félicité de *Brahman* que quand le mental devient pur et humble comme celui de cet enfant. »

Ceci me poussa à demander: « Quelle est la différence entre un enfant et un *jnâni* ? »

Shrî Bhagavan répondit: « L'enfant est un enfant ignorant à cause d'*ajnâna* tandis que le *jnâni* est un enfant sage grâce à *jnâna*. »

Un moment plus tard, un dévot demanda à Bhagavan: « Pourquoi un *jnâni* semble-t-il accorder sa grâce à certaines personnes et manifester de la colère envers d'autres? Pourquoi le *jnâni* ne corrige-t-il pas tous ceux qui viennent à lui? À quoi les *jnânis* travaillent-ils? »[8]

Bhagavan répondit: « La maturité et le *karma* passé de chaque *sâdhaka* sont différents. À cause de cela, les *jnânis* doivent adapter leurs propos à chaque personne. »

Puis il cita cinq versets de *Kaivalya Navanîtam*:

> 2.60 Le disciple: « Ô Maître qui es la félicité incarnée, comment se fait-il que Dieu, qui est impartial, élève quelques êtres et en dégrade d'autres? »
>
> Le Maître: « Il est comme le père qui encourage ses fils qui sont sur

---

[7]. C'était la réponse favorite de Bhagavan à cette question (voir *Ulladu Nârpadu* v. 33). On posait souvent des questions sur le *prârabdha* des *jnânis* à Bhagavan parce qu'il était bien connu que ses vues sur la question différaient de celles de beaucoup d'autres instructeurs de l'*advaita*.

[8]. On peut se faire une idée de l'attitude de Bhagavan en matière de punition à partir de cet extrait d'*Arunâchala Râmana* (août 1983, p.22).

« Un jour quelqu'un se plaignit à Bhagavan à propos des irrégularités et de la corruption dans l'ashram.

« Bhagavan répondit: "Je ne suis pas venu ici pour vous punir. Si je commençais à punir les gens, il ne resterait pas même un corbeau à l'ashram." »

le droit chemin, et qui réprimande les autres qui sont sur la mauvaise pente. Sache que c'est faire preuve de miséricorde que de punir les pécheurs et de les remettre sur le droit chemin. »

2.61 « Ô fils, dont les chaînes de la vie mondaine sont brisées ! L'arbre céleste (qui comble les vœux), le feu et l'eau protègent ceux qui les recherchent, en exauçant leurs désirs, en leur procurant de la chaleur et en étanchant leur soif. Ainsi Îshwara traite avec bonté ses dévots et n'en fait pas de même avec les autres. Réfléchis bien et décide : à qui la faute ? »

2.50 Le Maître : « Mon fils, les *jîvas* sont innombrables et leurs actions le sont également. Dans trois sections [*karma*, *upâsanâ* et *jnâna*], les *Vedas* bienfaisants donnent des prescriptions selon les aptitudes des chercheurs, avec des approches préliminaires suivies de conclusions définitives, comme les fleurs sont suivies de fruits. »

2.59 Ces imbéciles courent au désastre qui, dans leur ignorance, attribuent à Dieu les six maux [le désir, la colère, l'avidité, l'illusion, la vanité et la jalousie] qui leur sont imputables, mais les sages atteignent la libération sans mélange en reconnaissant que c'est à eux et non à Dieu que ces mêmes maux sont imputables.

2.35 « Mon brave garçon, écoute-moi encore un peu. Les activités du sage ont pour seul but l'élévation du monde. Il n'est pas là pour perdre ou gagner quoi que ce soit. Le Tout-Puissant, qui est l'unique source de grâce du monde, n'est pas affecté par les mérites et les démérites des êtres dans le monde. »[9]

11

Q : Bhagavan, je veux atteindre *mukti*. Pour cela, vous seul êtes mon Gourou. Je ne cherche personne d'autre. Ayez la bienveillance de m'accorder votre grâce.

Bhagavan : L'obtention de *mukti* n'est pas un nouvel accomplissement. Nous avons tous la forme de *mukti*. Mais nous oublions cela et pensons à tort : « Je suis le corps. » Il en résulte que des milliers de pensées s'élèvent par vagues et cachent ce que nous sommes réellement. *Mukti* ne resplendira que lorsque cette pensée [« Je suis le corps »] sera détruite.

Q : Comment se débarrasser de cette pensée « Je suis le corps » ?

Bhagavan : Puisque vous avez invoqué le Gourou, abandonnez-vous à lui. Sans condition.

---

9. Cette séquence de versets est manifestement un blâme à peine voilé à l'adresse du questionneur qui de toute évidence pensait que Bhagavan devait changer de comportement.

Q : Le Gourou ne se trouve pas dans le village où je vis. Que puis-je faire ?

Bhagavan : Le Gourou est au-dedans de vous. C'est là qu'il faut vous abandonner à lui.

Q : Ce qui est au-dedans de moi n'est que mon propre Soi.

Bhagavan : "Gourou", " *Âtmâ*", "Îshwara" : ce ne sont que trois noms différents pour une seule et même chose. L'essence de chacun est la même.

Q : Après que je me sois abandonné au Gourou, me sera-t-il possible de poursuivre mon travail ?

Bhagavan : Évidemment ! Mais la pensée « Je le fais » n'apparaîtra pas.

Q : Si la pensée « Je » n'est pas là, comment mes devoirs seront-ils accomplis ?

Bhagavan : Tout ce pour quoi vous êtes payé, vous le faites avec indifférence. Remplissez vos devoirs familiaux avec la même indifférence que celle avec laquelle vous vous acquittez de votre travail de bureau. Ce qui se passe au bureau n'est pas une source d'inquiétude pour vous. Accomplissez toutes vos tâches et tous vos devoirs avec le même détachement.

Q : Les difficultés pleuvent sur moi. Quand cela cessera-t-il ?

Bhagavan : Si vous laissez tomber l'idée « Je suis le corps », toutes vos difficultés s'envoleront.

12

Q : Je songe à quitter mon village pour aller dans une forêt m'adonner au *tapas*. J'ai décidé de le faire avec la permission de Shrî Bhagavan.

Bhagavan : On peut quitter son village, mais on ne peut pas se quitter soi-même. Si le village existe séparément de nous, il est possible de le quitter. Vivre tout seul dans la demeure du Soi équivaut à vivre en forêt. Si vous quittez le Soi, vous aurez beau aller vivre dans une forêt, ce sera comme de vivre dans une ville.

Celui qui pense qu'il est un *sannyâsin* n'est pas un *sannyâsin*. Le chef de famille qui ne pense pas qu'il est un chef de famille est un *sannyâsin*.

Celui qui ne pense pas que c'est lui qui accomplit toutes ses actions est supérieur à celui qui pense qu'il a renoncé à tout.

13

Bhagavan disait parfois : « *Mauna* [le silence] est parole incessante. Rester tranquille, c'est travailler continuellement. »

C'était l'une des nombreuses affirmations difficiles à comprendre, que Bhagavan faisait de temps en temps à propos de *mauna*, un terme qu'il utilisait fréquemment comme synonyme du Soi. J'avais compris certaines des affirmations de Bhagavan à propos de *mauna*, telle que : « *Mauna* est la *sâdhana* pour acquérir toutes sortes de richesses [spirituelles] », mais je butais contre ses affirmations selon lesquelles le silence équivaudrait à discourir et travailler sans cesse. Une fois, alors que Bhagavan revenait d'une de ses promenades, je lui fis part de mes doutes.

« Bhagavan dit qu'être tranquille signifie être toujours actif, et que rester silencieux signifie être toujours en train de parler. Je ne comprends pas comment il peut en être ainsi. »

« Ah, bon ? » répondit Bhagavan, « Pouvez-vous voir que je suis : »

« Oui », dis-je.

« Comment voyez-vous ? » demanda Bhagavan.

J'avouai ne pas savoir.

Bhagavan me donna une explication : « Exactement comme cela, "être tranquille" signifie "être toujours en train de travailler". Travailler ne signifie pas travailler avec une binette à la main. Travailler signifie toujours resplendir en tant que "Cela" [le Soi]. Seul le silence parle toujours. D'ailleurs, tous deux sont une seule et même chose. C'est précisément ce que les grands sages ont exprimé ainsi : "Je me souviens sans oublier", "Je rends un culte sans me sentir séparé de l'objet de mon adoration", "Je pense sans penser", "Je parle sans parler", "J'écoute sans écouter", etc. Si vous ne parlez pas, Dieu va venir et prendre la parole. De toutes les Écritures, la plus sublime est l'exposé silencieux. Vos doutes ne cesseront que si vous lisez cette Écriture. Sans cela, même si vous lisez des milliards de livres un incalculable nombre de fois, les doutes ne cesseront jamais. »

Bhagavan donna un jour une réponse similaire à un disciple qui se mit à se plaindre : « Je ne sais pas où est-ce "Je". » Bhagavan lui répondit : « Soyez là où le "Je" est. »

Le lendemain, le même homme dit à Bhagavan : « Je ne sais pas si je dois retourner dans mon village faire mon travail, ou simplement rester tranquille. »

Bhagavan dit : « Manger, se baigner, aller aux toilettes, parler, penser, tout cela, et bien d'autres activités en relation avec le corps, c'est du travail. Comment se fait-il que seul l'accomplissement d'un acte particulier soit considéré comme le travail ? Être immobile c'est être toujours engagé dans le travail. Être silencieux c'est être toujours en train de parler. »

14

Un jour, une femme qui était un membre actif et dévoué du parti du congrès vint pour le *darshan* de Shrî Bhagavan.

Après être restée un moment dans le Hall, elle lui demanda : « Beaucoup de grands sages comme vous voyagent de par le monde et font des conférences qui véhiculent une sagesse dont tout le monde bénéficie. Vous avez atteint *jnâna* pour vous-même, mais vous restez tranquillement assis dans un coin. En quoi cela profite-t-il au monde ? »

Bhagavan répondit : « Connaître le Soi et rester dans l'état du Soi est la chose la plus bénéfique qu'une personne peut offrir au monde. Toutes les conférences faites depuis une estrade n'auront d'effet que sur quelques personnes et seulement pendant que le conférencier sera à la tribune. Mais à tout moment, dans le monde entier, on peut entendre la conférence du silence. Elle aura toujours de l'effet. »

Le silence auquel Bhagavan se référait était le silence intérieur plutôt que le silence extérieur. Bhagavan aimait que les gens observent le silence intérieur, mais il ne donnait généralement pas son accord s'ils lui demandaient la permission d'observer également le silence extérieur. Cependant, dans mon cas, il parut l'approuver. Une fois où j'informais Bhagavan de ma décision d'observer *mauna* pendant quelques jours, il me bénit en disant : « Haha ! Très bien ! »

Mais ensuite, il me demanda : « Pourquoi ? Où allez-vous ? Ne restez-vous pas ici ? »

Je répondis : « Même si je reste ici, des gens, de leur propre initiative, viennent vers moi pour perdre du temps à bavarder. C'est seulement à cause de cela que j'ai pensé qu'il serait bon de faire un vœu de silence [*mauna vratam*]. »

Bhagavan signifia qu'il était satisfait de ma réponse.

Deux jours avant cet incident, j'avais essayé de donner des *nungus* [fruits du palmyra, une variété de palmier] à Bhagavan. Je les avais entreposés sur la véranda de M. Cohen à Palakottu parce que c'était un bon endroit pour arrêter Bhagavan au passage pendant sa promenade quotidienne. Quand Bhagavan passa, il me regarda d'un air méfiant et me demanda plusieurs fois : « Pourquoi êtes-vous venu ici ? »

Après un moment d'hésitation, je lui dis : « Je suis venu ici couper ces *nungus* et les donner à Bhagavan. »

Il accepta les fruits, mais, en les recevant, il dit en riant : « Vous auriez dû les manger vous-même en pensant : "Je suis aussi Bhagavan". »

Le manque d'enthousiasme de Bhagavan pour manger disparut bientôt. Il pela lui-même plusieurs fruits et en absorba le jus. Finalement, après s'être exclamé : « *Appadi !* [une expression de contentement] J'ai le ventre plein ! », il s'en alla.

15

Un soir, alors que j'accompagnais Bhagavan en promenade, je lui demandai : « Quand je médite, mon souffle semble s'arrêter dans mon estomac. Est-ce bien ? »

Bhagavan répondit : « C'est très bien. »

Encouragé par ce commentaire positif, je lui posai une question complémentaire : « Si je continue de méditer après cela, que va-t-il se passer ? »

« Vous atteindrez le *samâdhi* », répondit Bhagavan.

« Est-ce que *samâdhi* signifie que l'on n'a plus conscience de quoi que ce soit ? » demandai-je.

« Non ! » dit Bhagavan. « La méditation se poursuivra sans effort. C'est ça le *samâdhi*. »

« Alors, qu'est le *sahaja samâdhi* ? » demandai-je.

Bhagavan répondit : « Dans cet état, la méditation continuera sans cesse ; la pensée "Je médite", ou "Je ne médite pas" ne se présentera pas. »

Je questionnai ensuite Bhagavan sur certaines périodes dans ma méditation pendant lesquelles je n'avais conscience que d'un vide pénétrant toutes choses.

« Parfois, on ne voit rien, dis-je. Est-ce bien ? »

Bhagavan ne parut pas approuver ces états. « Au commencement, dit-il, il est préférable que les méditants restent conscients pendant qu'ils méditent. »

L'état de *sahaja samâdhi* continuait de m'intriguer. Quelques semaines plus tard, je posai une autre question à ce sujet. « Peut-on pratiquer le *sahaja samâdhi* dès le tout début ? »

Bhagavan répondit qu'on pouvait le faire.

« Mais comment le pratiquer ? » demandai-je. « Et comment pratique-t-on le *nirvikalpa samâdhi* ? Combien y a-t-il de sortes différentes de *samâdhi* ? »

« Il n'y a qu'une sorte de *samâdhi*, répondit Bhagavan, et non plusieurs. Demeurer temporairement dans la réalité sans aucune pensée, c'est le *nirvikalpa samâdhi*. Demeurer en permanence dans le Soi sans l'oublier, c'est le *sahaja samâdhi*. Tous les deux procureront le même bonheur. »

BHAGAVAN SHRÎ RÂMANA MAHARSHI

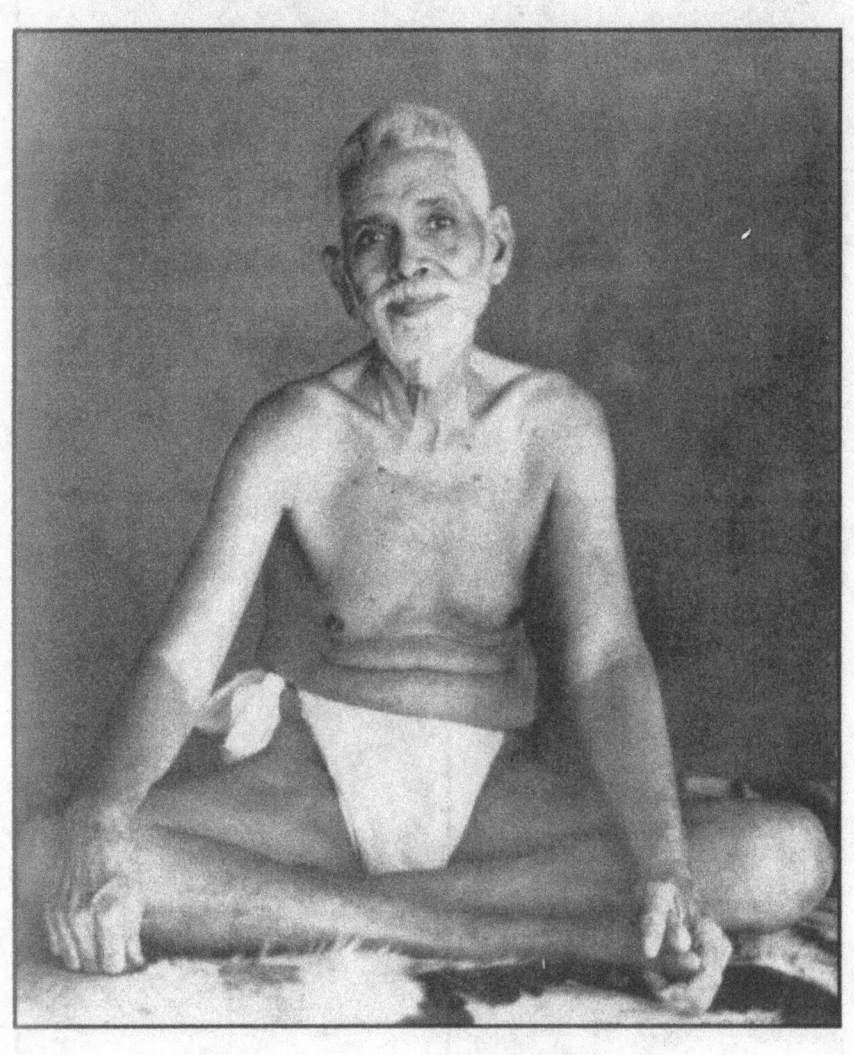

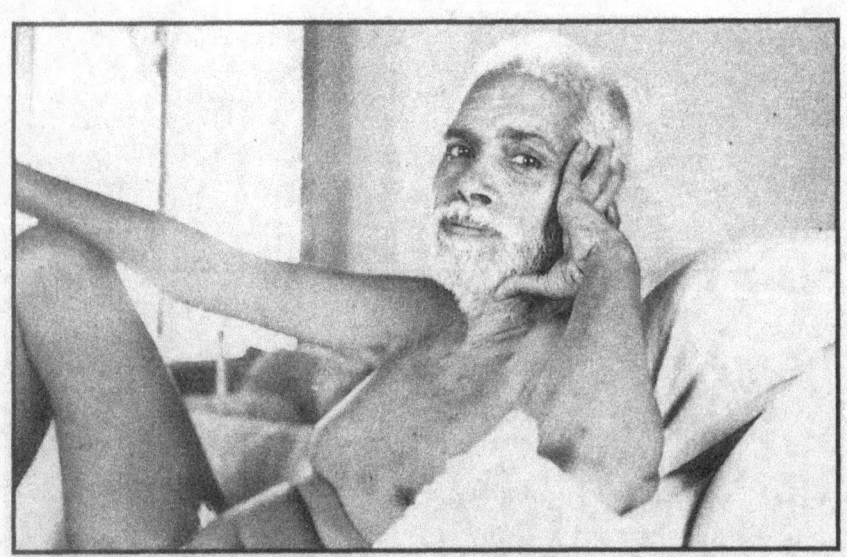

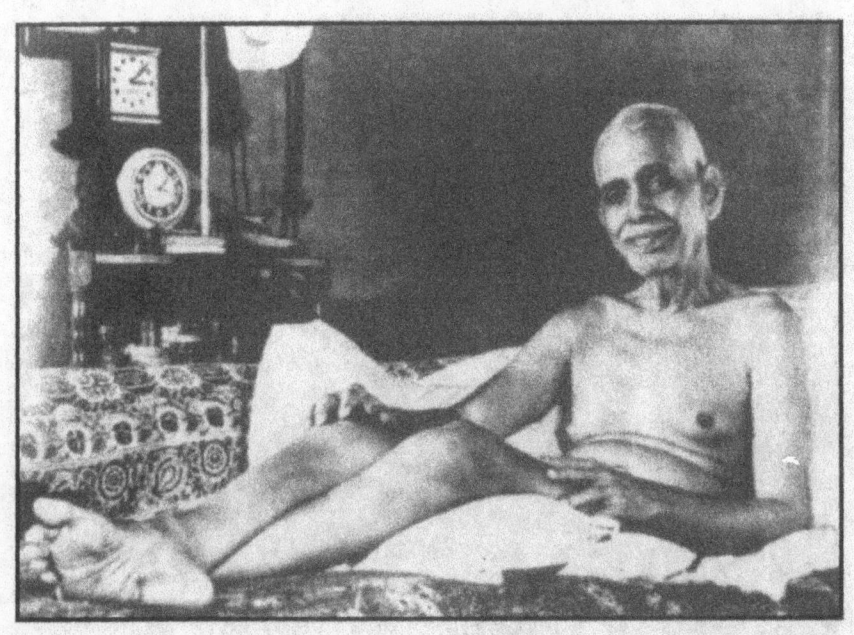

16

Bhagavan fit une fois les remarques suivantes à propos des états de veille et de rêve.

« La vision du monde qui apparaît à l'état de veille et la vision du monde qui apparaît à l'état de rêve sont une seule et même vision. Il n'y a même pas l'ombre d'une différence. L'état de rêve ne fait son apparition que pour nous prouver l'irréalité du monde que nous voyons à l'état de veille. C'est une des œuvres de la grâce de Dieu.

« Le monde de l'état de veille change de la même manière que le monde de l'état de rêve. Tous les deux sont pareillement dépourvus de substance et pareillement irréels.

« Des gens contestent cela en disant : "Mais le même monde que nous avons vu hier existe aujourd'hui. Les mondes du rêve ne sont jamais les mêmes d'une nuit à l'autre. Dès lors, comment pouvons-nous croire que le monde de l'état de veille est irréel ? L'histoire nous dit que ce monde existe depuis des milliers d'années."

« Nous tenons pour évident que ce monde changeant existe depuis des milliers d'années et considérons que cela prouve la réalité du monde. C'est une conclusion qui ne se justifie pas.[10]

« Le monde change chaque minute. Comment ? Notre corps n'est pas le même que celui que nous avions quand nous étions jeunes. Une lampe allumée le soir semble être la même le lendemain matin et pourtant toute l'huile dans la flamme a changé. N'en est-il pas ainsi ? L'eau coule dans une rivière. Si nous voyons la rivière deux jours de suite, nous disons que c'est la même rivière, mais ce n'est pas la même : l'eau a complètement changé.

« Le monde change tout le temps. Il n'est pas permanent. Mais nous existons, inchangés, dans les trois états de veille, de rêve et de sommeil. Personne ne peut sincèrement dire : "Je n'existais pas pendant ces trois états." Nous devons donc en conclure que ce "Je" est la substance permanente parce que tout le reste est en état de flux perpétuel. Ne jamais oublier cela, c'est la libération. »

Cette manière de considérer le monde étant si contraire à ce que nous

---

10. Bhagavan, comme beaucoup d'autres instructeurs indiens, affirme que rien de ce qui varie ou change ne peut être réel. À son avis, l'immuabilité est l'un des signes distinctifs de la réalité. Ceux qui soutiennent cette opinion disent que puisque seul le Soi est immuable, seul le Soi est réel. Les adeptes de l'*advaita*, la philosophie qui affirme que seul le Soi sans forme est réel et qu'il n'y a rien d'indépendant ou de séparé de lui, disent que l'apparence d'un monde en constant changement est une illusion engendrée par le mental.

Bhagavan qui soutenait vigoureusement les enseignements de l'*advaita*, affirmait que le mental et le monde sont tous les deux irréels en fin de compte puisqu'ils ne sont rien de plus que des apparences illusoires dans le Soi immuable.

tenons pour le bon sens, Bhagavan était fréquemment interrogé à ce sujet. Même ses dévots de longue date essayaient parfois de le faire changer un peu d'opinion. Je me souviens, par exemple, qu'un soir, dans le Hall, le Major Chadwick essaya de persuader Bhagavan que le monde avait quelque réalité et une certaine permanence.

« Si le monde n'existe que quand mon mental existe, commença-t-il, disparaît-il aussi quand mon mental se résorbe dans la méditation ou le sommeil ? Je ne pense pas. Si l'on considère les expériences des autres qui étaient conscients du monde pendant que je dormais, on doit conclure que le monde existait alors. N'est-il pas plus juste de dire que le monde a été créé et existe toujours dans quelque immense mental collectif ? Si cela est vrai, comment peut-on dire qu'il n'y a pas de monde et qu'il n'est qu'un rêve ? »

Bhagavan ne changea pas d'avis pour autant : « Le monde ne dit pas qu'il a été créé dans le mental collectif ni qu'il a été créé dans le mental individuel. Il apparaît dans votre petit mental. Et c'est tout. Si votre mental est détruit, il n'y aura plus de monde. »

Pour illustrer cette vérité, Bhagavan raconta une histoire.

« Il y a fort longtemps vivait un homme dont le père était mort trente ans auparavant. Un jour, il fit un rêve dans lequel son père était en vie. Dans le rêve, il [l'homme en train de rêver] était un jeune garçon ayant quatre frères plus jeunes que lui, et son père avait amassé une grande fortune qu'il partagea entre les cinq frères. Les quatre plus jeunes frères n'étaient pas contents de leur part. Par jalousie, ils se mirent à se disputer avec leur frère aîné et commencèrent à le battre. Tandis qu'il se faisait rouer de coups dans son rêve, il se réveilla.

En se réveillant, il constata avec joie qu'il n'avait ni père ni frères. Il découvrit que de tous les personnages dont il avait rêvé, il était le seul qui existait vraiment.

« De même, si nous allons au-delà de cet état de veille et ne voyons que notre Soi véritable, nous allons découvrir qu'il n'y a ni monde ni "autres". D'autre part, si nous nous écartons du Soi et voyons le monde, nous nous retrouvons en esclavage. » Bhagavan résuma ces idées un moment plus tard en disant : « Chaque *jîva* voit un monde séparé, mais un *jnâni* ne voit rien d'autre que lui-même. C'est l'état de vérité. »

17

Un jour, je demandai à Bhagavan : « J'ai souvent des maux d'estomac.

Que dois-je faire ? » J'espérai qu'il me suggérerait quelque remède.

Bhagavan répondit : « Que faire ? Le corps lui-même est une grande maladie. Pour détruire cette maladie, tout ce que nous avons à faire, c'est rester tranquille. Toutes les autres maladies s'en iront d'autant plus vite. »

Puis, pour plaisanter, il ajouta : « Vous venez me parler de vos maladies. À qui puis-je parler des maladies que j'ai ? » Bhagavan ne se plaignait jamais quand il était malade. Je me souviens d'une période pendant laquelle il souffrit très longtemps d'hémorroïdes sans prendre la peine d'en parler à qui que ce soit. Quand on découvrit le mal, des dévots préparèrent un médicament et le donnèrent à Madhava Swâmî, lui disant de le donner à Bhagavan deux fois par jour.

Madhava Swâmî dit à Bhagavan qu'il lui fallait prendre ce médicament, mais Bhagavan refusa en disant : « À quoi bon me préparer et me donner un médicament ? Prendre des médicaments ne fait qu'aggraver la maladie. Comme il est venu, l'âne [la maladie] s'en ira. Laissez-moi m'en accommoder jusqu'à ce qu'il s'en aille. Ne vous sentez pas obligé de me faire des recommandations. »

Après cela, il refusa même de regarder le médicament. En fin de compte, il dit qu'il prendrait le médicament si tous les dévots dans le Hall en recevaient une part égale. Comme nous voulions tous que Bhagavan aille bien, nous acceptâmes de suivre le traitement collectivement.

18

Bhagavan disait souvent qu'il n'y a pas de souffrance dans le Soi : toute souffrance est nécessairement un produit de la pensée.

Un jour, je lui demandai : « N'y a-t-il pas moyen d'échapper à la souffrance du monde ? »

« Le seul remède est de rester dans l'état du Soi sans en perdre conscience », répondit-il.

Comme aucun de nous, sauf Bhagavan, n'était immunisé contre des accès occasionnels d'agitation mentale, la souffrance était un thème de conversation en vogue dans le Hall. Les dialogues suivants, que je notai à différents moments, constituent une sélection typique des réponses de Bhagavan à des dévots qui voulaient comprendre la souffrance ou la transcender.

Q : Bhagavan, tout au long de ma vie, je n'ai connu que la souffrance. Est-ce dû au *karma* de pécheur que j'ai hérité de mes vies antérieures ? Un jour, j'ai demandé à ma mère si j'avais été heureux dans son ventre. Elle m'a dit qu'elle avait beaucoup souffert pendant sa grossesse. Comment se fait-il que j'aie contracté autant de péchés ? Pourquoi est-ce que je souffre autant ?

Bhagavan : On peut dire que c'est dû au *pûrva karma* [*karma* passé]. Mais au lieu de vous dire que ce *pûrva karma* est le fruit, par exemple, de votre avant-dernière incarnation, découvrez à qui est survenue la présente incarnation. Si ce corps est ce qui a pris naissance, qu'il pose la question. Vous dites que vous expérimentez toujours la souffrance. Ce ne sont que vos pensées. Seul le bonheur existe. Ce qui va et vient est souffrance.

Q : Comment se fait-il que les personnes qui se comportent vertueusement soient la proie de tant de souffrance ?

Bhagavan : Il est bon que les dévots soient en proie à la souffrance. Le *dhôbi* [blanchisseur], quand il lave les vêtements, les frappe vigoureusement contre un rocher. Mais il ne le fait que pour enlever la saleté des vêtements. De même, l'unique raison d'être de la souffrance c'est de purifier le mental du dévot. Si nous faisons preuve de patience, le bonheur s'ensuivra.

C'est moi qui ai posé les deux questions suivantes à différents moments.

Q : Le bonheur et la souffrance arrivent selon notre *karma* antérieur. Si l'on désire que des événements se produisent d'une certaine façon, vont-ils finir par se dérouler de la manière souhaitée ?

Bhagavan : Si une personne a fait beaucoup de bonnes actions [*punya*] par le passé, à l'instant même, ce qu'elle pense va arriver. Mais elle ne changera pas ce qui est destiné. Tout ce qu'une telle personne désirera sera conforme à ce qui doit de toute façon arriver. Ses désirs seront conformes à ce qui a déjà été déterminé par le désir ou la volonté du Suprême. S'il y a accumulation de mauvaises actions [*pâpam*], les fruits de ces actes vont eux aussi se matérialiser à l'instant même. Les fruits des bonnes et des mauvaises actions, accumulés en quantité excessive, qui ont été ramenés de nos vies passées se matérialiseront pendant cette vie. Pour Vidyâranya Swâmî, il a plu de l'or.[11]

Q : Lorsqu'une personne fait de bonnes actions, elle est sujette à la souffrance. Mais une autre personne qui commet beaucoup de mauvaises actions peut ne pas souffrir du tout. Pourquoi donc ?

Bhagavan : Tout le monde reçoit son lot de bonheur ou de souffrance selon le *karma* qu'il a ramené de ses vies antérieures. Les accepter patiemment tous les deux et demeurer dans le Soi tout en accomplissant chaque

---

11. N.d.T. : On trouvera un compte-rendu complet de cette histoire dans le 3ᵉ entretien avec Annamalai Swâmî.

action dans laquelle on se trouve engagé sans y chercher le bonheur ni la souffrance, voilà ce qu'il convient de faire.

L'investigation « Qui suis-je ? » conduit à la cessation de la souffrance et à l'acquisition de la félicité suprême.

19

Q : [un érudit du Kerala] J'essaye de suivre la voie de la vertu, mais je trouve cela impossible. Mes *pûrva samskâras* [tendances mentales antérieures] m'en empêchent. Quand disparaîtront-elles ?

Bhagavan : Demandez-vous : « Qui suis-je ? » Vos *pûrva samskâras* disparaîtront quand vous découvrirez qui les a.

Q : Quand je médite, le sommeil me submerge. Je ne peux pas l'éviter. Que faire ?

Bhagavan : Si je dis : « Je me suis réveillé », il s'ensuit que « J'ai dormi ». Quand vient l'état de veille, nous devons être dans l'état dans lequel nous étions quand nous étions endormis. Quand vient le sommeil, nous devons nous réveiller. C'est l'état de sommeil éveillé.[12]

Q : Cela ne m'est pas possible.

Bhagavan : Le plus grand obstacle est la pensée « Cela m'est impossible ».

Q : Que faire quand cette pensée s'empare de nous et nous secoue ?

Bhagavan : Il n'est pas vrai que la pensée s'empare de nous et nous secoue. La pensée qui s'empare de nous se secoue elle-même.

Q : S'il en est ainsi, comment puis-je contrôler le mental ?

Bhagavan : Contrôler le mental implique la nécessité d'un second mental pour contrôler le premier. Essayer de contrôler le mental, c'est comme si quelqu'un tentait l'impossible tâche de mesurer lui-même sa propre ombre.

Comment étions-nous dans le sommeil ? Nous sommes maintenant le même « Je » [sans corps et sans mental] que celui que nous étions quand nous dormions. Notre première erreur est de quitter cet état et de prendre le corps pour « Je ».

---

12. Bhagavan disait souvent que les dévots devraient être dans un état qu'il appelait « sommeil éveillé ». Pendant le sommeil profond, le mental repose dans le Soi, mais il n'est pas conscient de la félicité ou paix qui y règne. Bhagavan soutenait que si l'on réussissait à faire complètement sombrer le mental dans le Soi sans perdre conscience, on goûterait la félicité du sommeil conscient. On utilise deux expressions similaires pour désigner cette expérience : rester pleinement conscient pendant le sommeil s'appelle « sommeil éveillé » ; faire demeurer le mental dans le Soi pendant l'état de veille s'appelle « dormir pendant que l'on est réveillé ». Bien que les noms soient différents, l'expérience de conscience est la même dans les deux états.

Q : Il faut détruire l'ignorance [*ajnâna*]. C'est bien ça ?

Bhagavan : Il vous suffit de chercher celui dont l'ignorance doit être détruite.

20

Bhagavan : Quand je vivais à la grotte de Virupaksha, bien des gens y venaient avec toutes sortes d'en-cas et de repas. Beaucoup de visiteurs voulaient me forcer à manger de grands repas avec beaucoup de mets spéciaux tels que *vadai* et *payassam*. Un jour, je décidai de jeûner de manière à donner un repos complet à mon estomac. Je savais qu'il était dangereux de rester à la grotte de Virupaksha : des visiteurs pouvaient arriver avec de la nourriture pour moi. Aussi partis-je pour une longue promenade à travers la forêt, du côté sud-ouest de la montagne. Tandis que je marchais au milieu de cette forêt, sept femmes me suivaient. Chacune portait un ballot sur la tête. Quand elles me virent, je les entendis parler entre elles.

« Celui qui marche devant nous est notre Swâmî. »

Quand elles furent convaincues que j'étais bien « le Swâmî », elles coururent vers moi.

L'une d'elles dit : « Swâmî, s'il vous plaît, asseyez-vous et prenez un peu de notre nourriture. »

Une des femmes me donna des *iddlies*, une deuxième du *murukku*, une troisième une *dosa*,[13] etc. Elles rivalisèrent ainsi l'une avec l'autre pour me servir leurs différents mets.

Après avoir mangé et pensé : « Ah ! quel bon jeûne je fais aujourd'hui », je m'éloignai d'elles.

Je m'imaginais échapper à ces dames, mais elles me crièrent : « Swâmî, il vous faudra être prêt pour votre déjeuner à midi. Nous ne vous oublierons pas. » Puis elles partirent en direction de la montagne.

Ne voulant pas qu'elles me rattrapent plus tard dans la journée, je marchai lentement sur une courte distance, puis m'assis au pied d'un arbre pour me reposer à l'ombre. Vers midi, les femmes sortirent de la forêt et se dirigèrent droit vers moi. Tandis qu'elles s'approchaient, elles insistèrent pour que je les emmène à un endroit où elles trouveraient de l'eau potable. Je les emmenai dans la forêt à Sona Tîrtham, me disant : « Quel merveilleux *upavâsam* [jeûne] j'ai fait aujourd'hui. »

Quand les femmes eurent fini de boire, elles me demandèrent de m'as-

---

13. Un *murukku* est un entremets frit, non sucré, dur et croustillant ; une dosa est une crêpe faite de farine de riz et de *black gram* [une variété de pois].

seoir et de manger. Elles étalèrent une feuille de bananier devant moi et me servirent des plats des six saveurs,[14] comprenant riz, légumes, *sambar*, *rassam*, *vadai* et *payassam*.

Je me dis : « Ô, Seigneur ! Ce que j'ai mangé ce matin était suffisant pour trois jours. Comment pourrais-je manger tout ceci ? » J'avais la sensation d'être en train d'étouffer.

« Swâmî », demanda l'une des femmes, « pourquoi cette attitude ? Mangez comme si nous étions toutes Unnamulai[15] en train de vous servir. » C'est ainsi que ces dames me donnèrent une instruction spirituelle [*upadesa*].

Aussitôt que j'eus fini de manger, elles partirent en disant : « Swâmî, depuis notre naissance, jamais encore nous n'étions venues dans cette forêt, mais aujourd'hui nous sommes venues y ramasser des feuilles. » Soudain, elles disparurent toutes.

« Oh ! Voilà des personnes futées », pensai-je, et je continuai mon *pradakshina* en traversant lentement la forêt. Puis, avec l'intention d'aller m'asseoir dans le Vetrillai Mandapam, je sortis de la forêt.

Pendant ce temps, un dévot qui s'appelait Râmaswâmî Aiyer avait acheté deux mangues aussi grandes que des citrouilles. Il avait fait du *rassam* avec les mangues et l'avait apporté à la grotte de Virupaksha avec du riz qu'il avait préparé.

Comme je n'étais pas là, il s'était demandé : « Où est Swâmî ? »

Entendant les gens dire : « Swâmî est peut-être allé faire le *pradakshina* de la montagne », il pensa : « Swâmî sera en train de faire le tour de la montagne dans le sens des aiguilles d'une montre. Je vais le faire en sens inverse, aller à sa rencontre et lui donner ce *rassam* et ce riz. »

Râmaswâmî Aiyer me trouva juste au moment où je sortais de la forêt. En me voyant, il dit immédiatement : « Swâmî, je suis allé à la grotte de Virupaksha pour vous voir, mais je ne vous ai pas trouvé. Aussi suis-je venu à votre recherche sur le circuit du *pradakshina*. Il vous faut, je vous en prie, prendre ce *rassam* à la mangue et ce riz. »

Je lui racontai tous les incidents de la journée, y compris combien j'avais mangé, mais il ne voulut rien entendre de mes excuses. Il insista pour que je mange une partie de sa nourriture.

J'en mangeai un peu avant de dire : « Assez ! Assez ! La punition d'aujourd'hui a été très bonne. » Puis je me mis en chemin pour rentrer à la grotte de Virupaksha. J'arrivais à peine à marcher.

Bhagavan poursuivit en racontant un incident qui se produisit vers 1903.

---

14. Sucré, acide, salé, amer, astringent et âcre.
15. Unnamulai est le nom local de Pârvatî, l'épouse de Shiva.

Un jour, Palaniswâmî [son serviteur à ce moment-là], un autre homme et moi-même nous promenions le long des berges d'un ruisseau du côté sud de la montagne. Nous vîmes une vieille dame qui cassait des brindilles sèches pour le feu au sommet d'un arbre. Je regardai pour voir qui ramassait des brindilles pour le feu à une telle hauteur. Aussitôt la femme se tourna et me regarda.

Les deux mains tendues, elle me donna un *upadesa* « Hé ! Vous ! Puissiez-vous être jeté sur le bûcher funéraire ! »[16] Pourquoi errez-vous partout dans la forêt au lieu de rester tranquillement assis à l'endroit où vous êtes ? »

« C'est vrai, *amma* [mère], répondis-je, vous avez raison ; j'ai tort, vraiment tort. Je me donnerai une claque en punition. » Tandis que je pensais à cette histoire, je me tournai pour regarder la vieille femme, mais il n'y avait plus trace d'elle nulle part.

Interloqués, nous nous écriâmes : « Oh ! Voilà encore une dame futée ! »[17] Puis, après avoir couru les bois pendant un moment, nous rentrâmes à la grotte de Virupaksha.

21

Un visiteur interrogea Bhagavan sur les *siddhis* [pouvoirs surnaturels] ; il répondit : « Demeurer immuable dans l'état du Soi est le *siddhi* éternel, le plus grand de tous les *siddhis*. Tous les autres *siddhis* ne sont que le *prârabdha* du *jnâni* qui a réalisé la vérité. Ces autres *siddhis* sont sans importance. »

Cette réponse ressemblait beaucoup à celle que j'avais reçue quelques semaines plus tôt. Quand j'avais questionné Bhagavan à propos des *siddhis*, il avait répondu : « La pratique des *dhis* ne fera qu'engraisser davantage votre ego. Le plus grand *siddhi*, c'est de ne rien voir d'autre que le Soi. Tous les *siddhis* viendront s'incliner devant le parfait *jnâni*. »

À cette occasion, il avait cité le verset 35 d'*Ulladu Nârpadu* :

> Réaliser le Soi qui est toujours présent et demeurer tel, est [le réel] *siddhi*. Tous les autres *siddhis* sont comme ceux qui apparaissent

---

16. C'est, en tamil, une malédiction cordiale, mais assez vulgaire. Bien que cela fût dit par plaisanterie, il était très inhabituel qu'une pauvre ouvrière s'adresse à un Swâmî de cette façon.

17. Bhagavan a souvent raconté ces histoires. Parfois quand il les racontait, il laissait ses auditeurs avec l'impression que les sept femmes qui l'avaient nourri et la femme qui l'avait maudit étaient des esprits plutôt que des mortels ordinaires. Dans cette version-ci, le texte semble indiquer que la « dame futée » au sommet de l'arbre s'évanouit dans les airs après avoir maudit Bhagavan. Il paraît impossible qu'elle ait pu descendre de l'arbre et s'en aller sans que Bhagavan ou les deux autres hommes ne s'en aperçoivent.

dans un rêve. Sont-ils réels quand on se réveille ? Ceux qui se sont débarrassés de l'illusion et sont établis dans leur état réel seront-ils à nouveau trompés ?

22

En novembre 1938, j'allai sur la montagne avec Bhagavan. Sur le chemin du retour, je lui demandai : « Que me faut-il faire pour éviter le sommeil pendant que je médite ? »

Bhagavan répondit : « Les méditants ne doivent pas trop travailler, ni surcharger leur estomac de nourriture. Plus quelqu'un remplit son estomac, plus son mental s'affaiblit. Si l'estomac est en grande partie vide, on s'élèvera d'autant plus spirituellement. On ne doit tendre les cordes de la *vina*[18] peu. Le corps doit être traité de la même manière.

« C'est pareil avec le sommeil. Un tiers de la nuit est destiné au sommeil. C'est-à-dire que l'on devrait aller au lit à dix heures du soir et se lever à deux heures du matin. On ne devrait pas dormir pendant la journée. Il y a aussi un autre système. On devrait se lever chaque fois que l'on se réveille et se coucher chaque fois que le sommeil vient. Mais l'on ne devrait pas penser : "J'ai dormi" ou "Je me suis réveillé". »

Puis il cita le verset 33 de *Dêvikâlottara* :

Souvent, le mental s'égare dans des rêveries ou s'assoupit. Sois vigilant et ramène-le sans cesse à son état immaculé.

23

Un jour quelqu'un questionna Bhagavan à propos du mental avec forme [*rûpa*] et sans forme [*arûpa*].

Bhagavan répondit en disant : « Le mental pur s'appelle *manâkâsa* [espace mental ou vide mental]. À l'instant où l'on sort du sommeil, une clarté de conscience [*jnapti*] survient, sans exception, chez tout le monde. C'est le mental sans forme. Les pensées comme "Je suis le corps", "Ceci est le monde" surgissent après cela. C'est le mental avec forme. Dans une séance de cinéma, la lumière apparaît d'abord. C'est seulement ensuite que les formes apparaissent sur l'écran. De même, la lumière du Soi vient d'abord et fournit l'espace pour tout ce qui vient ensuite. »

Un autre dévot voulait savoir : « Quelle méthode dois-je utiliser pour stabiliser et affermir mon mental ? »

---

18. Un grand instrument à cordes utilisé en musique traditionnelle indienne.

Bhagavan répondit : « Il suffit de penser toujours à une seule chose. Si le mental n'obéit pas, recommencez à penser à une seule chose. Le moment viendra où le mental obéira à vos ordres. »

Un troisième dévot posa une question au sujet des activités quotidiennes : « Parfois, il y a méditation, à d'autres moments, il y a les activités. Quelle est la différence entre les deux ? »

Bhagavan répondit : « Être en méditation et être actif, c'est la même chose. C'est comme appeler le même objet par son nom dans deux langues différentes ; comme le corbeau qui n'a qu'un œil, mais voit dans deux directions différentes ;[19] comme l'éléphant qui utilise la même trompe pour respirer et pour boire ; comme le cobra qui se sert de ses yeux non seulement pour voir, mais aussi pour entendre. »[20]

Puis il cita le vers suivant [2.173] de *Kaivalya Navanîtam* :

> Si vous demeurez toujours conscient que « Je » suis parfaite conscience, qu'importe le nombre de vos pensées, ou ce que vous faites ? Tout ceci est irréel comme les visions d'un rêve après le réveil. « Je » suis toute félicité !

L'apparente dichotomie entre la méditation et la vie active me poussa à poser une question.

« Bhagavan, demandai-je, comment se fait-il que l'on retire des activités le même bonheur que celui que l'on retire de la méditation ? »

Bhagavan expliqua que les émotions contrastées sont toutes des produits du mental.

« Notre bonheur et notre souffrance dépendent de notre état mental. Le bonheur est notre état naturel. La souffrance fait son apparition quand on quitte le Soi et que l'on pense que le corps et le mental sont "Je". Qu'y faire ? La pensée "Je suis le corps" s'est renforcée à travers tant d'incarnations. Ce qui reste une fois qu'elle a été détruite, c'est le bonheur. »

Bhagavan n'avait pas directement répondu à ma question sur les différents types de bonheur, mais la question trouva sa réponse plus tard quand un autre dévot posa une question similaire : « Bhagavan, les *shâstras* parlent de tant de sortes différentes d'*ânanda* [bonheur ou félicité]. Y en a-t-il vraiment autant de variétés ? »

« Non, répondit Bhagavan, *ânanda* est unique. Cet *ânanda* est lui-même Dieu. Notre état naturel est *ânanda*. Comme nous l'expérimen-

---

19. On croit communément en Inde du Sud que les corbeaux n'ont qu'un grand globe oculaire au milieu du crâne. Ceux qui croient cela disent que le globe oculaire tourne d'un côté à l'autre de manière à ce que le corbeau puisse l'utiliser pour voir par les deux cavités oculaires.

20. Une autre croyance populaire courante.

tons extérieurement par l'intermédiaire de plaisirs sensuels variés, nous lui donnons des noms variés. Cependant, si nombreuses que soient les variétés de bonheur éprouvées, des millions de variétés de souffrance devront aussi être expérimentées. Mais cela n'est pas le cas pour le Il jouit de tout le bonheur dont tout le monde jouit, comme étant son propre *Brahmânanda* [félicité de *Brahman*]. *Brahmânanda* est comme un océan. Les types extérieurs de bonheur sont comme les vagues, l'écume, les bulles et les rides à la surface de l'eau.

Ânanda est commun à tous dans le sommeil. Toutes les choses vivantes et tous les êtres humains, du pauvre à l'empereur, expérimentent *ânanda* de la même manière pendant qu'ils sont endormis. »

24

Q : Swâmî, dès que j'ai entendu votre nom, j'ai eu un grand désir de vous voir. Me voilà. Comment ce grand désir m'est-il venu ?

Bhagavan : Exactement comme votre corps vous est venu.

Q : Quel est le fruit de notre vie ?

Bhagavan : Si une personne pense qu'elle doit se conduire selon les vrais principes de la vie, cela même est le fruit clé grands *tapas* accomplis dans sa vie antérieure. Ceux qui ne pensent pas comme cela perdent leur temps.

25

Un soir, tandis que nous étions tous assis sur la montagne, Bhagavan nous raconta deux incidents qui se produisirent à la grotte de Virupaksha.

« Un jour, pendant mes premières années ici, j'étais assis sur un rocher dans la montagne quand un petit garçon vint me voir. Il avait environ huit ans.

« Me voyant, il dit avec beaucoup de pitié : "Swâmî, pourquoi êtes-vous parti comme cela pour vivre tout seul sans vêtements ?"[21]

« Je lui fis une réponse susceptible de le satisfaire : "À la maison, mes aînés se sont fâchés contre moi. C'est pourquoi je suis parti et venu ici."

« Le petit garçon demanda : "Swâmî, comment est-ce que vous faites pour la nourriture ?"

« Je répondis : "Si quelqu'un me donne quelque chose, je le prends. Sinon je ne mange pas."

« Il fut choqué d'apprendre que je devais mener une vie si pénible.

---

21. En ce temps-là, Bhagavan ne portait qu'un pagne.

« *"Aiyô!"* s'exclama-t-il. "Venez avec moi. Je vais parler à mon patron et vous trouver un travail. Si vous travaillez quelques jours, seulement pour la nourriture, par la suite il vous donnera un salaire." Je répondis à son offre en restant silencieux.[22]

« Une autre fois, tandis que j'étais assis sur le banc à la grotte de Virupaksha, un petit garçon monta me voir et me fixa un long moment. Puis il pleura et sanglota vivement.

« Palaniswâmî, qui était dans la grotte, sortit et lui demanda : "Pourquoi pleures-tu ?"

« "Je ressens beaucoup de pitié quand je le regarde", dit le petit garçon. Et puis il continua de sangloter. »

Shrî Bhagavan, comme il le faisait souvent quand il racontait des histoires, anima son récit en jouant les rôles des perimitation et des sanglots du petit garçon.

26

Q : Les *Purânas* disent que *moksha* signifie vivre dans le Kailash, le Vaikunta ou le Brahmaloka [les paradis hindous] et y avoir le *darshan* de Dieu. En est-il bien ainsi ? Ou bien *moksha* ne vient-il que lorsqu'on se confond avec Brahman dans l'état où il n'y a pas connaissance du corps, du monde et du mental ?

Bhagavan : Vivre dans le Vaikunta et le Kailash n'est pas *moksha*. Si tout le monde y allait, comment chacun trouverait-il l'espace nécessaire pour vivre ? Si je devais vivre et goûter la félicité avec Dieu, alors Dieu serait inerte S'il était inerte, où pourrions-nous goûter la félicité ?[23]

Puis Bhagavan cita le verset 31 d'*Ulladu Nârpadu* qui décrit le véritable état de libération :

> Celui qui s'est détruit lui-même [son ego] et s'est éveillé à sa nature de félicité, que lui reste-t-il à accomplir ? Il ne voit rien d'autre que lui-même. Qui peut comprendre son état ?

---

22. Cet incident et le suivant sont rapportés dans *Day by Day with Bhagavan*, pp. 10-11. Dans cette version, Bhagavan dit au petit garçon qu'il pouvait demander à son patron s'il y avait une possibilité de travail. Comme le garçon ne revint jamais, Bhagavan continua d'être « sans emploi ».

23. Certaines sectes dualistes hindoues croient que l'on doit rester séparé de Dieu de manière à pouvoir goûter Sa félicité. Ces dualistes font souvent mention du fait que l'on ne peut expérimenter la douceur du sucre que s'il y a quelqu'un de séparé du sucre pour le goûter. Bhagavan disait souvent que cette analogie était inapplicable parce que Dieu n'est pas un objet inerte [*jada*], séparé du « je » qui fait l'expérience.

27

Des gens vinrent du sud pour le *darshan* de Bhagavan. Parmi eux, il y avait un petit garçon d'environ cinq ans. Il fit *na-maskâram*, puis s'approcha de Bhagavan et le regarda avec amour. Bhagavan mit sa main gauche sur la tête du garçon et lui demanda : « Qu'est-ce que tu veux ? »

Le garçon répondit fermement : « Je ne veux rien. »

« Oh ! Oh ! » dit Bhagavan, « Tu es des nôtres. »

Puis, s'adressant aux gens avec qui il était venu, il ajouta : « S'il demeure dans cet état de "non-vouloir", tout viendra à lui. »

Cela rappela à Bhagavan un vieil incident de sa propre vie.

« Quand je demeurais au Temple de Pachaiamman, mon pagne se déchira. Je ne demandais jamais rien à personne, il me fallut donc le coudre moi-même. Comme aiguille, j'utilisai une épine de cactus. Je fis une fente au bout de l'aiguille et y pinçai un fil que j'avais enlevé de mon pagne. Une fois le raccommodage terminé, je pus le porter encore deux mois.

« A la même époque, ma serviette avait tellement de trous qu'elle ressemblait à un filet. Un jour, en la voyant, un berger essaya de me tourner en dérision en disant : "Swâmî, le Gouverneur [de la province] veut cette serviette."

« Après avoir lavé et séché cette serviette, j'avais l'habitude de l'enrouler autour de ma main de manière à ce qu'on ne puisse pas voir dans quel état elle était. Ceux qui étaient avec moi finirent pourtant par s'en apercevoir et apportèrent trois jeux de pagnes et de serviettes neuves. Ils prirent ma vieille serviette et me firent échanger mon pagne contre un neuf.

« Si vous restez dans cet état de "non-vouloir", tout viendra à vous. C'est pourquoi sympathies et antipathies, attractions et répulsions ne sont pas de mise. »

28

Maurice Frydman : Parfois quand je médite, j'entre dans un état dans lequel je ne sais rien. Cet état est-il *manolaya* ou *manonasa* ?[24]

Bhagavan : Dans les deux états de *manolaya* et de *manonâsa*, aucune question ne surviendra.

Frydman : Qu'est-ce que *manonâsa* ?

Bhagavan : Demeurer en permanence tel que l'on est sans que ne sur-

---

[24]. Bhagavan définissait *manolaya* comme « une suspension temporaire de toutes les facultés mentales » et *manonâsa* comme « la complète et permanente destruction du mental ».

vienne aucune pensée du type « Rien n'est connu », ou « Quelque chose est connu », cela seul est *manonâsa*.

29

Q : Les Écritures disent que l'attention devrait être dirigée sur le centre entre les sourcils. Est-ce correct ?

Bhagavan : Le sentiment « Je suis » est directement évident pour chacun. Quel bonheur peut-on bien éprouver à voir quelque Dieu particulier si l'on ignore ce sentiment ? Il n'y a pas pire bêtise que celle de penser que Dieu n'existe qu'à certains endroits tels que l'espace entre les sourcils. Fixer son attention sur ces endroits n'est qu'une forme brutale de *sâdhanâ* dont le but est de concentrer le mental de manière à l'empêcher de vagabonder. Rechercher « Qui suis-je ? » est une méthode bien plus facile pour contrôler le mental.

Toutes les méthodes de la religion ne sont bonnes qu'à certains stades de développement. La *mâyâ* créée par le mental doit être détruite par le mental lui-même.

Q : Quelle sorte de nourriture un chercheur spirituel devrait-il manger ?

Bhagavan : La règle [*niyama*] qui consiste à prendre des quantités modérées de nourriture sattvique[25] est meilleure que toutes les autres règles.

Q : Dans les Écritures, il est question de toutes sortes de postures yoguiques [*âsanas*]. Quelle est la meilleure ? Laquelle faut-il pratiquer ?

Bhagavan : *Nididhyâsana* [méditation ou contemplation constante] est la meilleure des postures. Si on pratique cela, c'est suffisant.

30

À différents moments, je notais de brèves réponses ou affirmations de Bhagavan qui pour une raison ou une autre m'inspirèrent au moment où je les entendis. Généralement, j'omettais la question ou le contexte de la réponse, parce que sur le moment je ne les trouvais pas particulièrement significatifs. Voici douze de ces propos.

1. Le flot de la rivière s'arrête une fois qu'elle atteint l'océan et devient un avec lui. De même, si notre mental est toujours en train de méditer sur le Soi, il finit par devenir *Âtmamayam* [c'est-à-dire qu'il va être de la même nature que le Soi].

---

[25]. N.d.T. : Nourriture végétarienne qui soutient le corps sans l'alourdir ni l'exciter (voir le mot *guna* dans le glossaire).

2. À quelqu'un qui lui demanda comment se débarrasser de la colère, Bhagavan répondit : « Fâchez-vous contre la colère. Le désir est la racine de la colère. L'absence de désir est le bonheur absolu. »
3. Le nom naturel de tout un chacun est *mukti* [délivrance].
4. C'est un homme, un vrai, celui qui ne perd pas de vue le Soi tout en faisant face à tous les problèmes qui se présentent d'eux-mêmes sans qu'ils aient été engendrés par ses désirs.
5. Celui qui pense : « Je suis le corps » commet le péché de suicide. Celui qui pense : « Je suis » a beaucoup de chance. Un moment de méditation sur « Je suis *Âtman* » détruit tout le *sanchita karma* tout comme le soleil détruit l'obscurité. Comment le *karma* de celui qui médite constamment ainsi pourrait-il ne pas être détruit ?
6. Quand vient le sommeil, soyez éveillés. Dormez quand vous êtes éveillés. C'est dormir sans dormir. Être sans souci, c'est dormir sans dormir.
7. Le désir est *mâyâ*. L'absence de désir est Dieu.
8. L'homme qui aime le Dieu support de toutes choses, qui comprend qu'il ne peut arriver à rien par ses propres actions et qui s'attend au lieu de cela à ce que toutes les actions soient accomplies par Dieu seul, cet homme-là, Dieu le conduit à chaque instant sur le chemin de la vérité.
9. Chacun ne fait que se voir lui-même partout. On est dans le même état que celui dans lequel se trouvent Dieu et le monde.
10. La dévotion naturelle, c'est de connaître son Soi et de demeurer en permanence dans cet état sans l'oublier.
11. Dieu est plus infime que l'atome et plus vaste que le cosmos. Tout n'est que forme de Dieu. À cause de notre sens de la différence, nous pensons que nous sommes des personnes individuelles. Il n'y a pas au monde d'erreur plus grande que celle-là.
12. On ne peut penser faire du tort à autrui qu'après s'être fait du tort à soi-même.

31

Questions : [Soumises sous la forme d'un questionnaire écrit]
1. (a) Dieu a-t-il créé le monde au commencement avec autant de différences qu'il y en a maintenant ? Ou bien n'ont-elles vu le jour que plus tard ?

2. (b) Si Dieu est commun à tout le monde, pourquoi y a-t-il de bonnes et de mauvaises gens ? L'un est boiteux ; l'autre est aveugle ; une personne est un *jnâni*, tandis que beaucoup d'autres sont des *ajnânis*. Pourquoi a-t-il créé toutes ces différences ?

3. (c) Les *ashta dik pâlakas* [les esprits gardiens des huit points cardinaux], les trente-trois millions de *dêvas* [esprits incarnés] et les *maharishis* [grands voyants] existent-ils même aujourd'hui ?

Bhagavan : [après avoir jeté un coup d'œil sur la feuille] La réponse à ces trois questions surgira d'elle-même si vous vous demandez : « À qui ces questions sont-elles venues ? »

Si l'on commence par se connaître soi-même et qu'ensuite on regarde le monde créé par Dieu, on comprendra la vérité. Essayer de connaître Dieu et le monde sans d'abord se connaître soi-même est en fait de l'ignorance. Les opinions d'un homme qui ne se connaît pas lui-même sont comme celles d'un homme souffrant de la jaunisse qui dit aux autres que tout est de couleur jaune. Qui pourrait être d'accord avec lui ?

Une petite graine contient un grand banian, mais qu'est-ce qui est venu d'abord, l'arbre ou la graine ? Que peut-on dire en réponse à cette question ?

Il y a de fait une réponse à de telles questions : « Si l'on se connaît soi-même, il n'y a pas de monde. »

Bhagavan cita ensuite, à l'appui de cette assertion, quatre vers de ses propres écrits.

> N'est-ce pas de l'ignorance que de connaître toutes choses sans connaître le Soi qui est la source de toute connaissance ? [*Ulladu Nârpadu,* verset 11, vers 1 et 2]
>
> Si l'on a une forme, le monde et Dieu auront aussi une forme. [*Ulladu Nârpadu,* verset 4, vers 1]
>
> Qu'y a-t-il d'autre à connaître, quand le Soi lui-même est connu ? [*Âtma Vidyâ Kîrtanam,* verset 3, vers 2]

Un peu plus tard Bhagavan fit une réponse similaire à un dévot qui voulait des informations sur Dieu et la création.

Q : Pourquoi Dieu, que l'on peut supposer libre de tous désirs, a-t-il créé le monde ?

Bhagavan : Il n'y aura place pour cette question que si elle existe séparément de Dieu. Pourquoi poser des questions sur de telles choses ? Et d'abord, qui est-il, celui qui questionne ? La question existe-t-elle pendant que vous êtes endormi ?

« Je suis un ; Dieu est un autre. » Qui vous a dit de penser de la sorte ? C'est seulement quand nous connaîtrons nos propres qualifications que nous serons à même de connaître celles de Dieu. N'est-ce pas exact ? Commencez par trouver qui *vous* êtes. Ce qu'est le Soi et ce qu'est Dieu, vous pourrez l'apprendre plus tard.

32

Q : Comme j'ai trop de travail, j'oublie tout le temps de méditer. Si j'oublie aussi fréquemment, comment vais-je pouvoir faire des progrès ?

Bhagavan : Ne vous en faites pas. *Jnâna* ne viendra pas en un jour. Les *samskâras* [habitudes mentales] ne s'en iront que graduellement. Aujourd'hui, on peut penser toutes les quatre heures : « Oh ! j'ai oublié de méditer. » Demain, il se peut qu'on y pense toutes les trois heures et demie. Après-demain, toutes les trois heures. De cette manière, l'enthousiasme pour la méditation va venir tout doucement.

Pourquoi pensez-vous : « Pourquoi n'ai-je pas médité ? » ou « Pourquoi n'ai-je pas travaillé ? » Si on laisse tomber les pensées « J'ai fait », « Je n'ai pas fait », alors, toutes les actions vont finir par devenir méditation. Dans cet état il est impossible d'abandonner la méditation. C'est l'état de *sahaja samâdhi*.

Q : Ai-je accompli des actions méritoires [*punya*] dans mes vies antérieures ?

Bhagavan : Sinon, comment ces pensées pourraient-elles survenir ?

33

Les questions suivantes furent posées par Rameswari Nehru, une dame travaillant au Parti du Congrès.

Q : Quelle est l'opinion de Bhagavan au sujet de l'entrée des harijans dans les temples ?[26]

Bhagavan : Je n'ai pas d'opinion. Toutes choses arrivent par le pouvoir de Dieu. Toutes choses qui doivent être faites seront faites par Dieu au bon moment, au bon endroit, de la manière appropriée.

Q : Qu'est-ce qui est le plus profitable pour une personne ? Faire du travail social ou se retirer dans une grotte et méditer ?

Bhagavan : Les deux sont bien. Mais seul celui qui s'est rendu utile à lui-même sait se rendre utile à la société.

---

26. Les harijans, ou hors-caste, sont des hindous qui n'appartiennent pas aux quatre castes principales. Jusque dans les années 1930, ils n'étaient pas autorisés à entrer et à s'adonner au culte dans un temple hindou. Aujourd'hui, tous les harijans ont légalement le droit d'entrer dans n'importe quel lieu de culte hindou.

34

Une femme s'appelant Mme Bateman vint à l'ashram avec ses amis et sa suite. Elle y resta quelques jours. Elle vint pour le *darshan* avec son groupe et demanda à Bhagavan : « Tout comme nous, Bhagavan mange, parle, prend un médicament contre les maux de dents, etc. Quelle est dès lors la différence entre Bhagavan et nous ? Je ne vois pas de différence. »

Bhagavan expliqua la différence entre le *jnâni* et l'*ajnâni* en donnant plusieurs analogies.

« Juste avant d'aller dormir, un petit garçon se mit à pleurer et dit à sa mère : "Maman, j'ai faim, donne-moi du riz." La mère répondit : "S'il te plaît, attends un peu, le riz est encore en train de cuire." Le garçon s'endormit avant que le riz ne fût prêt. Un peu plus tard sa mère le réveilla et lui montra les différentes sortes de riz qu'elle avait préparées : "Regarde. Voilà du riz aux *dahl*, du riz au *rassam* et du riz au yaourt." Le garçon était très fatigué, mais il réussit quand même à manger avant de se rendormir. Le lendemain matin, dès qu'il se réveilla, il demanda à sa mère : "Pourquoi ne m'as-tu pas donné de riz hier soir ?" Tout le monde dans la maison savait qu'il avait mangé, mais lui-même l'ignorait parce que pour lui cela n'avait été qu'un interlude ensommeillé au milieu de la nuit. Les activités du *jnâni* sont d'une certaine manière comparables à celles du petit garçon. C'est-à-dire que d'autres personnes le voient prendre part à diverses activités, mais que le *jnâni* lui-même n'a pas conscience qu'il est en train de faire quelque chose.

« Il y a deux autres analogies similaires : on peut dire que l'état du *jnâni* est comme un homme qui écoute une histoire en ayant la tête ailleurs, ou qu'il est comme le conducteur endormi d'un char à bœufs dont le véhicule continue d'avancer sur la route bien qu'il soit endormi.

« Laissez-moi vous donner un autre exemple. Deux personnes dormaient au même endroit. L'une d'elles fit un rêve dans lequel ils souffraient tous les deux tandis qu'ils erraient à travers bois. L'autre personne dormit bien sans rêver du tout. Celui qui rêvait croyait que celui qui dormait bien souffrait lui aussi. Le rêveur est comme l'*ajnâni* : il se fait un monde de rêve, souffre dans ce rêve, et parce qu'il n'arrive pas à voir que ce n'est qu'un rêve, il croit que toutes les personnes qui apparaissent dans son rêve souffrent elles aussi. Par contre, le *jnâni* ne rêve à aucun monde. Il n'invente de souffrance ni pour lui-même ni pour les autres. C'est parce que le *jnâni* regarde tout comme *jnâna*, comme son propre Soi, tandis que l'*ajnâni* ne voit qu'*ajnâna* autour de lui.

« Ce par rapport à quoi le *jnâni* est endormi, à cela l'*ajnâni* est éveillé.

Ce par rapport à quoi *Vajnâni* est endormi, à cela le *jnâni* est éveillé.

« Un jour Swâmî Râma Tirtha faisait le *japa* du nom de Shiva au sommet d'un haut bâtiment. Un homme qui était un *ajnâni* monta le voir et lui dit : "Sautez donc en bas. Comme cela nous saurons si ce mot que vous répétez peut vous sauver."

« Swâmî Râma Tirtha lui demanda : "Où est le haut et où est le bas ?" Pour un *jnâni* qui ne voit que *jnâna* de telles distinctions ne sauraient exister.

« *Vajnâni* est comme l'homme qui ne regarde que les noms et les formes apparaissant sur l'écran de cinéma. Le *jnâni*, au contraire, est toujours conscient de l'écran sur lequel les noms et les formes apparaissent. »

35

En 1939, deux membres du Congrès vinrent dans le Hall et commencèrent à questionner Bhagavan.

Q : Pouvons-nous atteindre *jnâna* par votre grâce et l'enseigner aux gens du monde ?

Bhagavan : Commencez par vous connaître vous-même ; laissez de côté l'idée d'instruire autrui. Si le monde et les gens qui l'habitent sont toujours là après votre réalisation, vous pouvez les instruire. Essayer d'aider le monde sans vous connaître vous-même, c'est comme si un aveugle essayait de traiter les maladies oculaires des autres. Éclaircissez d'abord vos propres yeux. Si vous le faites, vous verrez les yeux des autres comme vos propres yeux. Alors, voyant les yeux des autres comme vos propres yeux, comment pourriez-vous exister sans les aider ?

Q : Pourquoi ne réussit-on pas à obtenir *jnâna* après avoir lu le *mahâvâkya* "*aham brahmâsmi*"[27] un grand nombre de fois dans les *Vedanta Shâstras* [les *Upanishads*, la *Bhagavad Gîta* et les *Brahma Sutras*] ?

Bhagavan : La connaissance du Soi n'est pas dans les *Ve-dânta Shâstras*. La connaissance du Soi ne peut être obtenue qu'en s'étudiant soi-même.

Q : Comment s'étudier soi-même ?

Bhagavan : Vous ne pouvez l'étudier que s'il y a deux « soi » [un qui étudie et l'autre qui est étudié]. Demeurer en tant que le Soi, c'est étudier le Soi. Si vous étudiez les *Vedas* et les *shâstras*, il se peut que dans le monde on vous témoigne tout le respect qui vous sera dû. La société vous ornera

---

27. *Aham brahmâsmi* signifie « Je suis Brahman ». Il y a quatre *mahâvâkyas*, ou « grandes sentences » dans les *Upanishads* (appelées ici les *Vedânta Shâstras*). Elles affirment la réalité du Soi, ou *Brahman*. Les pratiquants traditionnels de la *sâdhanâ* advaitique répètent un ou plusieurs des *mahâvâkyas* jusqu'à ce qu'ils parviennent à une inébranlable conviction, ou mieux encore à l'expérience, que seul le Soi existe.

le cou de guirlandes, vous lira des lettres flatteuses, vous donnera de la bonne nourriture, un grand nom et beaucoup d'argent. Mais toutes ces choses seront de grands obstacles pour *jnâna* et votre *sâdhanâ*.

Q : Si dur que l'on s'y emploie, la souffrance due au *sâra* ne s'en va pas.

Bhagavan : Si l'on voit qui est plongé dans le *samsara*, la souffrance s'en ira.

Q : On dit qu'il est possible d'atteindre le Soi au moyen du yoga de Patanjali. Est-ce vrai ?

Bhagavan : Yoga signifie l'union de deux choses existantes. Admettriez-vous qu'il y a deux « Je » ?

Q : Non.

Bhagavan : Où peut-il bien y avoir quelqu'un pour atteindre la connaissance du Soi ? Puisque nous sommes déjà nous-mêmes le Soi, la souffrance n'apparaît que lorsque l'on pense : « Je suis le corps » ; ou : « Il y a un Soi qu'il me faut atteindre ». Le Soi n'est pas quelque chose qui se trouve à très grande distance. Nous n'avons pas besoin de le chercher en voyageant en avion ou en train. Faire cela serait comme un homme immergé dans l'eau criant : « J'ai soif ! J'ai soif ! » Nous voulons atteindre le Soi alors que nous sommes déjà le Soi. Comment pourrait-on y parvenir ?

Q : S'il vous plaît, indiquez-nous une méthode pour détruire le mental.

Bhagavan : Découvrez qui a le mental. Si le mental est encore là quand votre recherche aura abouti, vous pourrez chercher une méthode pour le détruire.

Q : J'ai un mental.

Bhagavan : Qui êtes-vous ? Êtes-vous ce corps ? Pourquoi ne soulevez-vous pas de telles questions pendant que vous êtes endormi ? Êtes-vous d'accord que le mental et le *prâna* [la force vitale qui anime le corps] ne sont pas vous ?

Q : Non.

Bhagavan : Vous êtes le Soi. S'il y a quelque chose qui est séparé de vous, alors vous pouvez penser à lui faire du bien ou du mal. Mais si vous êtes vous-même la seule chose qui existe, comment peut-il y avoir sympathies et antipathies, préférences et aversions ? L'absence de désir est félicitée absolue.

Q : Nous vous questionnons à nouveau à cause de notre ignorance. Nous prions Shrî Bhagavan de nous pardonner et de nous répondre. On dit qu'il faut s'adonner à une pratique spirituelle [*abhyâsa*] pour se débarrasser du mental. Comment s'y prendre ?

Bhagavan : Rechercher avec le mental : "À qui est le mental à détruire ?" voilà *Vabhyâsa* pour se débarrasser du mental.

Q : Qui suis-je ? Je ne sais pas.

Bhagavan : Sans même savoir qui nous sommes, nous voulons atteindre autre chose. Ce que nous voulons atteindre est ce que nous sommes déjà. L'expérience de n'importe quel état ou monde céleste qui nous arrive finira par repartir. Ce qui va et vient n'est pas le Soi. Ce qui est toujours dans le champ d'expérience de tout le monde, cela seul est notre Soi réel. C'est *moksha*.

Q : Quel avantage le Gourou procure-t-il au disciple ?

Bhagavan : Le Gourou et Dieu ne peuvent qu'indiquer le chemin en disant : « Tu es Cela. » Rien d'autre ne peut être fait. Parcourir le chemin est le travail du disciple.

Q : Je veux me connaître moi-même. Vous devez m'indiquer le moyen.

Bhagavan : Est-ce que vous admettez avoir deux « je » ?

Q : C'est ce à propos de quoi je ne sais rien. Que dois-je faire pour calmer le mental ?

Bhagavan : Il suffit de continuer à observer l'endroit d'où le mental s'élève.

36

Un jour, tandis que je me promenais sur la montagne avec Bhagavan, je lui demandai une bénédiction : « Bhagavan, je ne veux rien d'autre au monde que la bénédiction de ne pas avoir l'idée "Je suis le corps." »

Dodelinant de la tête en signe d'approbation, Bhagavan répondit avec bienveillance : « Toutes les personnes de valeur ont travaillé dur à cette seule fin. Toi aussi, tu es Cela. »

II

Entretiens avec Annamalai Swâmî

Bien qu'Annamalai Swâmî aime[28] mener une vie solitaire, il fait généralement bon accueil aux visiteurs qui veulent parler de Bhagavan et de ses enseignements. Pendant environ neuf mois, en 1986, une sannyâsin américaine appelée Satya a enregistré et retranscrit plusieurs de ses entretiens. Cette deuxième partie reprend les points forts des échanges qui eurent lieu pendant cette période. Les questionneurs étaient tous des étrangers et la plupart d'entre eux étaient venus chez Annamalai Swâmî chercher conseil sur la manière de méditer correctement. Les réponses d'Annamalai Swâmî constituent un saisissant résumé des enseignements de Bhagavan sur la pratique spirituelle.

Chacun des entretiens numérotés qui suivent contient les enseignements donnés en une seule journée durant cette période. Je n'ai pas été à même d'identifier les questionneurs, mais je dois relever que souvent, le même jour, plusieurs personnes différentes posaient des questions. Ceci explique une partie des brusques changements de sujet et quelques-unes des apparentes contradictions dans les attitudes, les pratiques et les expériences des questionneurs.

De manière à préserver l'intimité d'Annamalai Swâmî, je dois dire qu'il n'incite pas les gens à venir lui parler. Les visiteurs occasionnels ne l'intéressent pas ni les débats sur les mérites des différentes philosophies. Il n'aime pas non plus que des gens viennent simplement s'asseoir et méditer avec lui. Si de telles personnes viennent, il leur dit généralement d'aller méditer dans le vieux Hall de Râmanasramam. Les visiteurs éventuels devraient prendre note du fait qu'ils ne seront bienvenus que s'ils viennent avec des questions sérieuses sur Bhagavan, ses enseignements, ou leurs propres pratiques spirituelles.

---

28. N.d.É. : La première édition anglaise de ce livre a été écrite et publiée du vivant d'Annamalai Swâmî.

1

Question : Quel est le moyen le plus facile de se libérer du « petit soi » ?

Annamalai Swâmî : Cessez de vous prendre pour lui. Si vous pouvez vous convaincre : « Ce "petit soi" n'est pas vraiment moi », il va tout simplement disparaître.

Q : Mais comment s'y prendre ?

A.S. : Le « petit soi » est quelque chose qui ne fait que paraître réel. Si vous comprenez qu'il n'a pas de véritable existence, il va disparaître, laissant derrière lui l'expérience du Soi réel et unique. Comprenez qu'il n'a pas de véritable existence et il cessera de vous tourmenter.

La conscience est universelle. Il n'y a ni limitations ni « petit soi » en elle. C'est seulement quand nous nous prenons pour le corps et le mental et que nous nous limitons à eux, que le faux soi naît. Si, au moyen de l'investigation, on remonte à la source de ce « petit soi », on constate qu'il s'évanouit dans le néant.

Q : Mais je suis tellement habitué à penser : « Je suis ce "petit soi". » Je ne peux pas perdre cette habitude par le simple fait de penser : « Je ne suis pas ce "petit soi". »

A.S. : Ce « petit soi » ne va céder la place au Soi réel que si vous méditez constamment. Vous ne pouvez pas vous débarrasser de lui par quelques pensées isolées. Essayez de vous souvenir de l'analogie de la corde qui passe pour un serpent à la lueur du crépuscule. Si vous prenez la corde pour un serpent, la nature réelle de la corde se dérobe à vous. Pour peu que vous voyiez la corde, il n'y a plus de serpent. Et ce n'est pas tout : vous savez aussi qu'il n'y a jamais eu de serpent à cet endroit. Une fois que vous avez la claire et juste perception que jamais, à aucun moment, le serpent n'a existé, la question de savoir comment le tuer ne se pose plus. Appliquez cette analogie au « petit soi » qui vous tracasse. Si vous comprenez que jamais, à aucun moment, il n'a existé en dehors de votre imagination, vous ne vous inquiéterez plus des moyens de vous en débarrasser.

Q : Tout cela est très clair, mais je sens que j'ai besoin d'aide. Je ne suis pas sûr de pouvoir développer cette connaissance par moi-même.

A.S. : Le désir d'être aidé fait partie de votre problème. Ne faites pas l'erreur d'imaginer qu'il y a un but à atteindre ou un objectif à réaliser. Si vous pensez ainsi, vous allez commencer à chercher des méthodes à pratiquer et des gens pour vous aider. Ceci ne fait que perpétuer le problème que vous essayez de solutionner. Au lieu de cela, cultivez plutôt la ferme conscience : « Je suis le Soi. Je suis Cela. Je suis Brahman. Je suis tout. »

Vous n'avez pas besoin de méthodes pour vous débarrasser des fausses idées que vous avez de vous-même. Tout ce que vous avez à faire, c'est d'arrêter d'y croire. Le meilleur moyen de le faire, c'est de les remplacer par des idées qui reflètent plus adéquatement les choses telles qu'elles sont. Si vous pensez et méditez : « Je suis le Soi », cela vous fera beaucoup plus de bien que de penser : « Je suis le "petit soi". Comment puis-je me débarrasser de ce "petit soi" ? »

Le Soi est toujours atteint, il est toujours réalisé ; ce n'est pas quelque chose que vous devez chercher, atteindre ou découvrir. Vos *vâsanas* [habitudes et tendances mentales] et toutes les fausses idées que vous avez de vous-même obstruent et cachent l'expérience du Soi réel. Si vous ne vous identifiez pas aux idées erronées, votre nature de Soi ne se dérobera pas à vous.

Vous dites avoir besoin d'aide. Si votre désir d'arriver à une juste compréhension de votre nature réelle est assez intense, l'aide viendra automatiquement. Si vous voulez devenir conscient de votre nature réelle, vous serez incommensurablement aidé par le contact avec un *jnâni*. Le pouvoir et la grâce qui irradient d'un *jnâni*, apaisent le mental et éliminent les fausses idées que vous avez sur vous-même. Vous pouvez progresser en ayant le *satsang* d'un Gourou réalisé et par la pratique spirituelle constante. Le Gourou ne peut pas tout faire pour vous. Si vous voulez vous défaire des habitudes limitantes, accumulées pendant plusieurs vies, vous devez pratiquer constamment.

La plupart des gens prennent l'apparence du serpent dans la corde pour la réalité. Agissant sur la base de leur perception erronée, ils imaginent toutes sortes de moyens de tuer le serpent. Il leur est totalement impossible de se débarrasser du serpent tant qu'ils n'ont pas abandonné l'idée qu'il y a un serpent. Les gens qui veulent tuer ou contrôler le mental ont le même problème : ils imaginent qu'il y a un mental à contrôler et prennent des mesures drastiques pour le contraindre à se soumettre. Si, au lieu de cela, ils développaient la compréhension qu'il n'y a rien de tel que le mental, tous leurs problèmes seraient résolus. Vous devez arriver à la conviction : « Je suis la conscience omniprésente dans laquelle toutes les formes corporelles et psychiques du monde apparaissent et disparaissent. Je suis cette conscience qui demeure inchangée et inaffectée par ces apparitions et disparitions. » Stabilisez-vous dans cette conviction. C'est tout ce que vous avez à faire.

Bhagavan raconta une fois l'histoire d'un homme qui voulait enterrer sa propre ombre dans un trou profond. Il creusa le trou et se plaça de telle façon que son ombre soit au fond du trou. Il essaya ensuite de la recouvrir de terre. Chaque fois qu'il jetait de la terre dans le trou, l'ombre réapparaissait à la surface. Bien sûr, il ne parvint jamais à enterrer son ombre. Beaucoup de gens se comportent de la même manière quand ils méditent. Ils considèrent leur mental comme réel, essayent de le combattre et de le tuer et échouent toujours. Tous les combats contre le mental sont des activités mentales qui le renforcent au lieu de l'affaiblir. Si vous voulez vous débarrasser du mental, tout ce que vous avez à faire, c'est de comprendre qu'il n'est « pas moi ». Cultivez cette compréhension : « Je suis la conscience immanente ». Quand cette compréhension sera devenue stable, le mental inexistant aura fini de vous tourmenter.

Q : Je ne pense pas que la répétition : « Je ne suis pas le mental, je suis conscience », puisse jamais me convaincre que je ne suis pas le mental. Ce ne sera qu'une pensée de plus, tournant sans fin dans ma tête. Si je pouvais expérimenter, fût-ce un instant, à quoi cela ressemble d'être dépourvu de mental, la conviction me viendrait automatiquement. Je pense qu'une seule seconde d'expérience de la conscience telle qu'elle est serait beaucoup plus convaincante que plusieurs années de répétitions mentales.

A.S. : Chaque fois que vous vous endormez, vous avez l'expérience d'être sans le mental. Vous ne pouvez pas nier que vous existez pendant que vous dormez et vous ne pouvez pas nier que votre mental ne fonctionne pas pendant que vous êtes dans le sommeil sans rêves. Cette expérience quotidienne devrait vous convaincre qu'il vous est possible de poursuivre votre existence sans mental. Bien sûr, vous n'avez pas la pleine expérience de la conscience pendant que vous êtes endormi, mais si vous réfléchissez à ce qui se passe dans cet état, vous en viendrez à comprendre que votre existence, la continuité de votre être, n'est pas du tout dépendante de votre mental ou de votre identification à lui. Quand le mental réapparaît chaque matin, vous concluez hâtivement : « C'est le moi véritable ». Réfléchissez quelque temps à cette proposition : vous verrez combien elle est absurde. Si ce que vous êtes réellement n'existe que quand le mental est présent, vous devez admettre que vous n'existiez pas pendant que vous étiez endormi. Personne ne saurait accepter une conclusion aussi absurde. Si vous analysez les états dans lesquels vous vous trouvez alternativement, vous découvrirez que votre expérience directe est que vous existez aussi bien quand vous dormez que quand vous êtes éveillé. Vous découvrirez que le mental ne devient actif que lorsque vous êtes éveillé ou en train de rêver. À partir de ces simples expériences quotidiennes, il devrait être facile de comprendre que le mental est quelque chose qui va et vient. Votre existence ne s'efface pas chaque fois que le mental cesse de fonctionner. Je ne vous parle pas d'une théorie philosophique ; je vous parle de quelque chose que vous pouvez vérifier par expérience directe durant chaque période de vingt-quatre heures de votre vie.

Prenez ces faits, que vous pouvez découvrir en les expérimentant directement, et examinez-les d'un peu plus près. Quand le mental apparaît chaque matin, ne concluez pas aussi hâtivement que d'habitude : « C'est moi ; ces pensées sont les miennes. » En lieu et place, regardez ces pensées aller et venir sans vous identifier à elles d'une quelconque façon. Si vous pouvez résister à l'impulsion de revendiquer chaque pensée comme vôtre, vous arriverez à une conclusion renversante : vous découvrirez que vous êtes la conscience dans laquelle les pensées apparaissent et disparaissent. Vous découvrirez que cette chose que l'on appelle mental n'existe que quand on laisse libre cours aux pensées. Comme le serpent qui apparaît dans la corde, vous découvrirez que le mental n'est qu'une illusion qui apparaît à cause de l'ignorance ou d'une perception erronée.

Vous voulez une expérience qui vous convainque que ce que je dis est vrai. Vous pouvez avoir cette expérience si vous renoncez à votre sempiternelle habitude d'inventer un « Je » qui revendique toutes les pensées comme « miennes ». Soyez conscient de vous-même en tant que conscience seule, regardez les pensées aller et venir. Venez-en à la conclusion, par expérience directe, que vous êtes réellement la conscience elle-même et non ses contenus éphémères.

Les nuages vont et viennent dans le ciel, mais l'apparition et la disparition des nuages n'affectent pas le ciel. Votre nature réelle est comme le ciel, comme l'espace. Demeurez comme le ciel et laissez les pensées-nuages aller et venir. Si vous cultivez cette attitude d'indifférence envers le mental, graduellement, vous cesserez de vous identifier à lui.

2

Q : Au début de ma *sâdhâna*, tout allait pour le mieux. Il y avait beaucoup de paix et de bonheur et jnâna paraissait très proche. Mais maintenant, il n'y a plus guère de paix, seulement des obstacles et des empêchements.

A.S. : Chaque fois que des obstacles surgissent sur le chemin, pensez-y comme n'étant « pas moi ». Cultivez cette attitude que le « vous » réel est hors d'atteinte des ennuis et des obstacles. Il n'y a pas d'obstacles pour le Soi. Si vous arrivez à vous souvenir que vous êtes toujours le Soi, qu'importent les obstacles.

Un des *âlvârs* [un groupe de saints vaishnavites] constata une fois que si l'on ne s'adonne à aucune pratique spirituelle, le mental n'est pas vécu comme un problème. Il dit que c'est seulement lorsque l'on commence à faire de la méditation que l'on prend conscience des diverses façons qu'a le mental de nous créer des problèmes. C'est parfaitement vrai. Mais on ne devrait pas s'inquiéter des obstacles ni les craindre. On devrait simplement les regarder comme n'étant « pas miens ». Ils ne peuvent vous créer des ennuis que dans la mesure où vous pensez que ce sont *vos* problèmes.

Les *vâsanas* qui se dressent devant vous peuvent revêtir l'apparence d'une grande montagne qui vous empêche d'aller de l'avant. Ne vous laissez pas intimider par sa dimension. Ce n'est pas une montagne de roche, c'est une montagne de camphre. Si vous en allumez un coin avec la flamme de l'attention discriminante, elle sera réduite à néant.

Tenez-vous en arrière de la montagne de problèmes, refusez de les reconnaître comme vôtres, et ils vont se dissoudre et disparaître sous vos yeux.

Le camphre est un corps solide hautement combustible auquel on peut facilement mettre le feu avec une allumette. Quand il a brûlé, il ne laisse pas de cendres : une fois qu'il est allumé, il brûle continuellement jusqu'à ne laisser qu'une petite tache noire.

Ne vous laissez pas induire en erreur par vos pensées et vos *vâsanas*. Elles essayent toujours par ruse de vous amener à croire que vous êtes une personne réelle, que le monde est réel, et que tous vos problèmes sont réels. Ne les combattez pas ; ignorez-les, tout simplement. N'accusez pas réception de toutes les fausses idées qui continuent de vous venir. Établissez-vous dans la conviction que vous êtes le Soi et que rien ne peut se coller à vous ni vous affecter. Une fois que vous aurez cette conviction, vous découvrirez que vous ignorez automatiquement les habitudes du mental. Quand le rejet des activités du mental deviendra continuel et automatique, vous commencerez à avoir l'expérience du Soi.

Si vous voyez deux étrangers se quereller au loin, vous ne leur accordez guère d'attention parce que vous savez que cette dispute ne vous concerne pas. Traitez les contenus de votre mental de la même manière. Au lieu de remplir votre mental de pensées, puis d'organiser des combats entre elles, n'accordez aucune attention au mental. Restez tranquillement dans le sentiment « Je suis », qui est conscience, et cultivez l'attitude que toutes les pensées, toutes les perceptions ne sont « pas moi ». Quand vous aurez appris à regarder votre mental comme un étranger éloigné, vous n'accorderez plus d'attention à tous les obstacles qu'il ne cesse d'inventer pour vous.

Les problèmes mentaux se nourrissent de l'attention qu'on leur accorde.

Plus vous vous tourmentez à leur sujet, plus ils prennent de force. Si vous les ignorez, ils perdent leur pouvoir et finissent par disparaître.

Q : Je pense et je crois toujours qu'il n'y a que le Soi, mais, sans que je comprenne bien pourquoi, il reste encore le sentiment que je veux ou que j'ai besoin de quelque chose de plus.

A.S. : Qui est-ce qui veut ? Si vous arrivez à trouver la réponse à cette question, il n'y aura plus personne pour vouloir quoi que ce soit.

Q : Les enfants naissent sans ego. Comment leur ego naît-il et recouvre-t-il le Soi quand il commence à grandir ?

A.S. : Un jeune enfant peut sembler n'avoir pas d'ego, mais son ego et toutes les *vâsanas* latentes qui l'accompagnent sont là en germe. Quand le corps de l'enfant grandit, l'ego grandit aussi. L'ego est produit par le pouvoir de *mâyâ* [illusion], qui est l'une des *shaktis* [pouvoirs] du Soi.

Q : Comment *mâyâ* opère-t-elle ? Comment prend-elle naissance ? Puisque rien n'existe hormis le Soi, comment le Soi réussit-t-il à se cacher à lui-même sa propre nature ?

A.S. : Le Soi, qui est pouvoir infini et la source de tout pouvoir, est indivisible. Cependant, au sein du Soi indivisible, il y a cinq *shaktis* ou pouvoirs, avec des fonctions différentes, qui opèrent simultanément. Les cinq *shaktis* sont le pouvoir de création, le pouvoir de préservation, le pouvoir de destruction, le pouvoir d'illusion (*mâyâ shakti*) et le pouvoir de la grâce. La cinquième *shakti*, la grâce, neutralise et annihile la quatrième *shakti*, qui est *mâyâ*.

Quand *mâyâ* est totalement inactive, c'est-à-dire quand l'identification avec le corps et le mental a été abandonnée, il y a une conscience de la conscience, une conscience d'être. Quand on est établi dans cet état, il n'y a ni corps, ni mental, ni monde. Ces trois choses ne sont que des idées amenées à une existence apparente quand *mâyâ* est présente et active.

Quand *mâyâ* est active, le seul moyen efficace de la dissoudre est le chemin montré par Bhagavan : on doit pratiquer l'investigation du Soi et distinguer ce qui est réel de ce qui est irréel. C'est le pouvoir de *mâyâ* qui nous fait croire à la réalité de choses qui n'ont aucune réalité en dehors de notre imagination. Si vous demandez : « Que sont ces choses imaginaires ? » la réponse est : « Tout ce qui n'est pas le Soi sans forme. » Seul le Soi est réel ; tout le reste n'est que le fruit de notre imagination.

Il ne sert à rien de chercher à savoir pourquoi il y a *mâyâ* et comment elle opère. Si vous êtes sur un bateau qui fait eau, vous ne perdez pas votre temps à vous demander si le trou a été fait par un italien, un français ou un indien. Vous bouchez la voie d'eau. Ne vous souciez pas de savoir d'où vient *mâyâ*.

Mettez toute votre énergie à échapper à ses effets. Si vous essayez d'étudier l'origine de *mâyâ* avec votre mental, vous êtes condamné à l'échec parce que toute réponse qui vous viendra sera une réponse de *mâyâ*. Si vous voulez comprendre comment *mâyâ* opère et voit le jour, il faut vous établir dans le Soi, le seul endroit où vous êtes libéré de son emprise, et regarder ensuite comment elle s'empare de vous chaque fois que vous ne réussissez pas à garder votre attention dans le Soi.

Q : Vous dites que *mâyâ* est une des *shaktis*. Qu'est-ce que vous entendez au juste par shakti ?

A.S. : *Shakti* est énergie ou pouvoir. C'est un nom pour l'aspect dynamique du Soi. *Shakti* et *shânti* [paix] sont deux aspects de la même conscience. Si vous voulez les séparer un tant soit peu, vous pouvez dire que *shânti* est l'aspect non manifesté du Soi tandis que *shakti* est l'aspect manifesté. Mais en réalité elles ne sont pas séparées. Une flamme a deux propriétés : lumière et chaleur. Les deux ne peuvent pas être séparées.

Shânti et *shakti* sont comme la mer et ses vagues. *Shânti*, l'aspect non manifesté, est le vaste corps d'eau immobile. Les vagues qui apparaissent et se meuvent à la surface sont la *shakti*. Vaste, incluant tout en elle, *shânti* est immobile tandis que les vagues sont actives.

Bhagavan disait qu'après la réalisation, le *jîvanmukta* expérimente *shânti* au-dedans et est établi en permanence dans cette *shânti*. Dans cet état de réalisation, il voit que toutes les activités sont causées par la *shakti*. Après la réalisation, on est conscient qu'il n'y a pas de personne individuelle faisant quoi que ce soit. En lieu et place, il y a la conscience que toutes les activités sont la *shakti* de l'unique Soi. Le *jnâni*, qui est pleinement établi dans *shânti*, est toujours conscient que la *shakti* n'est pas séparée de lui. Dans cette conscience, tout est son Soi et toutes les actions sont siennes. Ou bien, on peut aussi dire qu'il ne fait jamais rien. C'est l'un des paradoxes du Soi.

L'univers est contrôlé par l'unique *shakti*, parfois appelée *Paramêswara shakti* [le pouvoir du Seigneur Suprême]. C'est elle qui meut et ordonne toutes choses. Les lois naturelles, telles que les lois qui maintiennent les planètes dans leurs orbites, sont toutes des manifestations de cette *shakti*.

Q : Vous dites que toute chose est le Soi, même *mâyâ*. S'il en est ainsi, pourquoi est-ce que je ne vois pas le Soi clairement ? Pourquoi m'est-il caché ?

A.S. : Parce que vous cherchez dans la mauvaise direction. Vous avez l'idée que le Soi est quelque chose qui se voit ou dont on fait l'expérience.

Cela n'est pas le cas. Le Soi est la compréhension ou la conscience dans laquelle le fait de voir et celui d'expérimenter ont lieu.

Même si vous ne voyez pas le Soi, il est bel et bien là. Bha-gavan disait parfois avec humour : « Les gens ne font qu'ouvrir le journal et y jeter un coup d'œil. Puis ils disent : "J'ai lu [littéralement « j'ai vu »] le journal." Mais en fait ils n'ont pas vu le journal, ils n'ont vu que les lettres et les images qui se trouvent dessus. Il ne peut y avoir ni mots ni images sans le papier, mais les gens oublient toujours le papier pendant qu'ils lisent les mots. »

Bhagavan utilisait ensuite cette analogie pour montrer que pendant que les gens voient les noms et les formes qui apparaissent sur l'écran de la conscience, ils ignorent l'écran lui-même. Avec ce genre de vision partielle, il est facile d'en venir à la conclusion que toutes les formes sont sans rapport les unes avec les autres, et séparées de la personne qui les voit. Si les gens étaient conscients de la conscience plutôt que des formes qui apparaissent en elle, ils réaliseraient que toutes les formes ne sont que des apparences qui se manifestent au sein de la conscience une et indivisible.

Cette conscience est le Soi que vous cherchez. Vous pouvez *être* cette conscience, mais vous ne pouvez jamais la *voir* parce que ce n'est pas quelque chose qui est séparé de vous.

3

Q : *Vous parlez beaucoup des* vâsanas. *Pourriez-vous, s'il vous plaît, me dire ce qu'elles sont et comment elles fonctionnent ?*

A.S. : Les *vâsanas* sont les habitudes du mental. Ce sont les identifications erronées, les schémas de pensée répétitifs qui réapparaissent sans cesse. Ce sont les *vâsanas* qui recouvrent l'expérience du Soi. Les *vâsanas* s'élèvent, captent votre attention, et vous tirent à l'extérieur vers le monde plutôt qu'à l'intérieur vers le Soi. Cela se passe tellement souvent et continuellement que le mental n'a jamais la moindre chance de se reposer ou de comprendre sa nature réelle.

Les coqs aiment gratter le sol. C'est une habitude constante chez eux. Même sur un roc nu, ils essayent de gratter le sol.

Les *vâsanas* fonctionnent d'une manière très semblable. Ce sont des habitudes et des schémas de pensée qui réapparaissent sans cesse, même si on ne les souhaite pas. La plupart de nos idées et de nos pensées sont fausses. D'habitude, quand elles surviennent sous forme de *vâsanas*, elles réussissent à se faire passer pour vraies à nos yeux. Les *vâsanas* fondamentales telles que « Je suis le corps » ou « Je suis le mental » sont survenues en nous tant de fois que nous admettons automatiquement qu'elles sont vraies. Même notre désir de transcender nos *vâsanas* est une *vâsanâ*. Quand nous pensons : « Je dois méditer » ou « Je dois faire un effort », nous ne faisons qu'organiser un combat entre deux *vâsanas* différentes. Vous ne pouvez échapper aux habitudes du mental qu'en demeurant dans la conscience en tant que conscience. Soyez celui que vous êtes. Soyez tel que vous êtes. Soyez simplement tranquille. Ignorez toutes les *vâsanas* qui apparaissent dans le mental et fixez plutôt votre attention dans le Soi.

Q : Bhagavan disait souvent aux dévots de « rester tranquille ». Est-ce qu'il voulait dire « rester mentalement tranquille » ?

A.S. : La fameuse instruction de Bhagavan « *summâ ira* » [reste tranquille] est souvent mal comprise. Elle ne signifie pas que vous devez rester physiquement tranquille ; elle signifie que vous devez toujours demeurer dans le Soi. S'il y a trop de repos physique, *tamoguna* [un état de torpeur] apparaît et prédomine. Dans cet état, vous aurez sommeil et vous vous sentirez lourd. *Rajoguna* [un état d'excessive activité], de son côté, produit des émotions et un mental agité. En *sattva guna* [un état de quiétude et de clarté], il y a tranquillité et harmonie. Si une certaine activité mentale s'avère nécessaire pendant que l'on est en *sattva guna,* elle a lieu. Mais le reste du temps, il y a tranquillité. Quand *tamoguna* et *rajoguna* prédominent, on ne peut pas sentir le Soi. Si *sattva guna* prédomine, on peut expérimenter paix, félicité, clarté et une absence de pensées vagabondes. C'est la tranquillité que Bhagavan prescrivait.

Q : Bhagavan, dans L'enseignement de Râmana Maharshi, parle de *bhoga vâsanas* /vâsanas qui provoquent le plaisir] et de *bandha vâsanas* / vâsanas qui produisent l'asservissement]. Il dit que pour le jnâni il y a des *bhoga vâsanas* mais pas de *bandha vâsanas*. Swâmîji veut-il bien clarifier la différence ?

A.S. : Rien ne peut être cause d'asservissement pour le *jnâni* parce que son mental est mort. En l'absence de mental, il ne se connaît lui-même qu'en tant que conscience. Parce que le mental est mort, il ne peut plus s'identifier avec le corps. Mais bien qu'il sache qu'il n'est pas le corps, c'est un fait que le corps est encore en vie. Ce corps va continuer à vivre et le *jnâni* va continuer d'en être conscient, jusqu'à ce que son propre *karma* soit épuisé. Comme le *jnâni* est encore conscient du corps, il sera aussi conscient des pensées et des *vâsanas* qui surviennent dans ce corps. Aucune de ces *vâsanas* n'a le pouvoir de l'asservir parce qu'il ne s'identifie jamais avec elles, mais elles ont le pouvoir d'amener le corps à se comporter de certaines façons. Le corps du *jnâni* éprouve du plaisir et fait l'expérience de ces *vâsanas* bien que le *jnâni* lui-même ne soit pas affecté par elles. C'est pourquoi l'on dit parfois que pour le *jnâni*, il y a des *bhoga vâsanas* mais pas de *bandha vâsanas*.

Les *bhoga vâsanas* diffèrent d'un *jnâni* à l'autre. Des *jnâni* peuvent accumuler des richesses, d'autres peuvent rester assis en silence ; certains peuvent étudier les *shâstras* [Écritures] tandis que d'autres peuvent rester illettrés ; certains peuvent se marier et élever une famille, mais d'autres peuvent rester des moines célibataires. Ce sont les *bhoga vâsanas* qui vont déterminer le genre de vie qu'un *jnâni* va mener. Le *jnâni* est conscient de toutes les conséquences de ces *vâsanas* sans jamais s'identifier à elles. À cause de cela, il ne retombe jamais dans le *samsâra*.

Les *vâsanas* surviennent à cause des habitudes et des pratiques des vies antérieures. C'est pourquoi elles diffèrent d'un *jnâni* à l'autre. Quand les *vâsanas* surviennent chez les gens ordinaires qui s'identifient encore avec le corps et le mental, elles provoquent attirances et répulsions. On en épouse certaines de tout cœur tandis qu'on en rejette d'autres comme indésirables. Ces attirances et ces répulsions engendrent des désirs et des peurs qui à leur tour produisent davantage de *karma*. Tant que vous portez des jugements sur ce qui est bon et mauvais, vous vous identifiez avec le mental et vous vous fabriquez du nouveau *karma*. Quand du nouveau *karma* a été créé de cette façon, cela signifie qu'il vous faudra reprendre naissance pour en jouir.

Le corps du *jnâni* exécute tous les actes qui lui sont destinés. Mais parce que le *jnâni* ne porte pas de jugements sur ce qui est bon ou mauvais, et parce qu'il n'éprouve ni attirances ni répulsions, il ne se crée pas de nouveau *karma*. Parce qu'il sait qu'il n'est pas le corps, il peut assister à toutes les activités de ce dernier en témoin, sans y être d'une quelconque façon impliqué.

Il n'y aura pas de renaissance pour le *jnâni* parce qu'une fois que le mental a été détruit, il n'est plus possible que du nouveau *karma* soit créé.

Q : Ainsi donc tout ce qui nous arrive dans la vie n'arrive qu'à cause de nos attirances et de nos répulsions passées ?

A.S. : Oui.

Q : Comment pouvons-nous apprendre à ne pas réagir quand des *vâsanas* surviennent dans le mental ? Y a-t-il quelque chose de spécial à quoi nous devrions faire attention ?

A.S. : Vous devez apprendre à les reconnaître quand elles surviennent. C'est le seul moyen. Si vous pouvez les attraper assez tôt et assez fréquemment, elles ne vous causeront pas trop d'ennuis. Si vous voulez prêter attention à une zone de danger particulière, regardez comment opèrent les cinq sens. C'est la nature du mental que de rechercher de la stimulation à travers les cinq sens. Le mental s'empare des impressions des sens et les traite de manière telle qu'elles produisent de longues suites de pensées incontrôlées. Apprenez à observer comment vos sens se comportent. Apprenez à observer comment le mental réagit aux impressions des sens. Si vous pouvez empêcher le mental de réagir aux impressions des sens, vous pouvez éliminer un grand nombre de vos *vâsanas*.

Q : Pour pouvoir réaliser le Soi, les jnânis doivent avoir fait beaucoup de *punyas* [actes mérit] et de tapas [ascèse] dans leurs vies antérieures. Si les *jnânis* expérimentent dans leur dernière vie les fruits de toutes leurs actions méritoires antérieures, ils devraient tous avoir une dernière vie très agréable. Cela ne semble pas être le cas. Plusieurs d'entre eux tombent gravement malades. Ils doivent souvent endurer de nombreux problèmes physiques.

A.S. : Il y a plusieurs raisons à cela. Parfois la réalisation du Soi affaiblit énormément le corps. Le corps de Bhagavan tremblait beaucoup. Quand on le questionnait à ce sujet, il disait parfois : « Si un éléphant entre dans une hutte pas très solide, que va-t-il se passer ? » L'éléphant, c'était la réalisation du Soi ; et la frêle hutte, c'était son corps.

Certains *jnânis* prennent sur eux le *karma* de quelques-uns de leurs disciples et l'éprouvent eux-mêmes sous forme de maladie. Dans de tels cas, la maladie ne peut pas être attribuée à quelque chose qui se serait passé dans les vies antérieures du *jnâni*.

La plupart des *jnânis* sont débarrassés de la plus grande partie de leur *karma*, bon ou mauvais, avant même qu'ils ne commencent leur dernière vie. Ils se sont tous adonnés à une pratique spirituelle intense [*tapas*] dans leurs vies antérieures. Au moment où leur dernière vie commence, il ne leur reste souvent que très peu de *karma*. Seuls quelques-uns, comme Vidyâranya Swâmî ont encore à goûter les fruits de nombreuses actions méritoires [*punyas*].

Vidyâranya Swâmî vécut il y a plusieurs siècles. Pendant l'une de ses vies, alors qu'il était très pauvre et affamé, un de ses gourous l'initia et lui apprit à faire l'*upâsanâ* [méditation] sur la déesse Lakshmi [la déesse de la richesse]. Il fit cet *upâsanâ* pendant des années, espérant devenir riche, mais aucune richesse ne lui vint au cours de cette vie-là.

Pendant l'une de ses vies suivantes, il reçut l'initiation d'un *jnâni*, fit beaucoup de méditation et réalisa finalement le Soi. Après la réalisation, il était établi dans un état de totale absence de désir. Ce ne fut qu'après sa réalisation que son *upâsanâ* antérieure sur Lakshmi commença à porter ses fruits.

Quelque temps après sa réalisation, de l'or commença à tomber du ciel dans la ville où il vivait. Vidyâranya Swâmî réalisa que cela arrivait à cause de ses méditations antérieures, mais comme il n'avait plus aucun désir, il n'avait plus aucun intérêt à accumuler de l'argent ou de l'or. Il dit au roi que la pluie d'or tombait à cause de son *tapas* antérieur. Il fit aussi clairement savoir qu'il ne voulait pas d'or pour lui-même. Le roi annonça que les gens de la ville pouvaient garder tout l'or qui était tombé sur leur propriété. Il réserva l'or qui était tombé sur le domaine public pour son propre usage. Plus tard, le roi utilisa sa propre part d'or pour construire de nouveaux temples et de nouveaux *tîrthams* [réservoirs d'eaux sacrées].

Le roi prit l'or qui était tombé dans les rues et en fit faire des briques d'or. De manière à vérifier si Vidyâranya Swâmî était vraiment sans désir, le roi mit quelques-unes de ces briques devant sa maison. Puis sa femme et lui firent secrètement le guet pour voir ce qu'il en ferait. Vidyâranya Swâmî finit par sortir de sa maison, vit les briques et s'accroupit sur elles pour déféquer. Comme il n'avait plus aucun intérêt pour l'argent, c'était la seule chose utile qu'il pouvait en faire.

Q : Même aujourd'hui, il y a encore des gens qui utilisent des briques d'or pour faire des toilettes. Le siège des toilettes dans l'avion privé du Shah d'Iran était en or massif. Le Shah laissa cet avion quand il dut fuir le pays. Quand les gens du nouveau gouvernement inspectèrent l'avion, ils trouvèrent ce siège d'or.

A.S. : Les visiteurs essayaient toujours d'amener Bhagavan à utiliser des objets de luxe, mais il n'en avait aucun désir. Un jour une dame apporta une couverture de velours pour lui, mais il refusa de la prendre.

La femme commença à supplier Bhagavan : « Je vous en prie Bhagavan, prenez ma couverture et asseyez-vous dessus. »

Personne ne put la faire taire. Après près de quatre heures de supplications, Bhagavan accepta le cadeau à seule fin de la calmer. Il s'assit sur la couverture pendant environ une demi-heure, puis l'envoya à Chinnaswâmî pour la ranger. Il ne l'utilisa plus jamais.

Quelqu'un d'autre lui amena des sandales en argent massif et une feuille de bananier en argent afin qu'il l'utilise pour manger. Bhagavan utilisa la feuille pour un repas à seule fin de faire plaisir au dévot, puis donna la feuille et les sandales au temple. Il ne prit jamais la peine d'essayer les sandales. Il y avait à l'ashram une chambre contenant tous les présents donnés à Bhagavan. Il n'en utilisait jamais aucun. On m'a rapporté que peu après la mort de Bhagavan, Chinnaswâmî donna presque tous ces présents à des dévots.

Quand, dans l'affaire Perumal Swâmî,[29] un avocat demanda à Bhagavan : « Vous arrive-t-il de désirer de l'argent ? », Bhagavan répondit : « Je n'ai ni attirance ni répulsion pour l'argent. »

Rien n'attirait Bhagavan, rien n'était source de répulsion pour lui. Si nous éprouvons attractions ou répulsions, si nous haïssons ou aimons quelqu'un ou quelque chose, un asservissement mental en résultera. Les *jnânis* n'éprouvent jamais ni attraction ni répulsion pour quoi que ce soit. C'est pourquoi ils sont libres de tout asservissement.

4

Q : Comment savoir si je fais des progrès dans ma méditation ?

A.S. : Ceux qui méditent beaucoup développent souvent une forme subtile d'ego. Ils sont contents à l'idée qu'ils font des progrès ; ils sont contents des états de paix et de félicité qu'ils éprouvent ; ils sont contents d'avoir appris à exercer un certain contrôle sur leur mental capricieux ; ou bien ils retirent de la satisfaction du fait d'avoir trouvé un bon Gourou, ou une bonne méthode de méditation. Tous ces sentiments sont des sentiments de l'ego. Quand de tels sentiments sont présents, la conscience du Soi est absente. La pensée « Je médite » est une pensée de l'ego. S'il y a méditation véritable, de telles pensées ne peuvent pas survenir.

Ne vous inquiétez pas de savoir si vous faites des progrès ou non. Gardez simplement votre attention sur le Soi vingt-quatre heures par jour. La méditation n'est pas quelque chose à faire dans une position particulière, à un moment particulier. C'est une conscience et une attitude qui doivent persister tout au long de la journée. Pour être efficace, la méditation doit être continue.

Si vous voulez arroser un champ, vous creusez un canal jusqu'au champ et y faites s'écouler de l'eau pendant un bon moment. Si vous n'envoyez de l'eau que pendant dix secondes puis que vous arrêtez, l'eau disparaît dans le sol avant même d'avoir atteint le champ. Vous ne pourrez pas atteindre le Soi et y demeurer sans un effort prolongé et continu. Chaque fois que vous renoncez à essayer, ou que vous vous laissez distraire, une partie de vos efforts antérieurs sont perdus.

Inhalation et exhalation continues sont nécessaires à la poursuite de la

---

29. N.d.É. : Cf. « Annamalai Swâmî : une vie auprès de Râmana Maharshi ».

SHRÎ ANNAMALAI SWÂMÎ

Octobre 1995

- Fin 1994 -

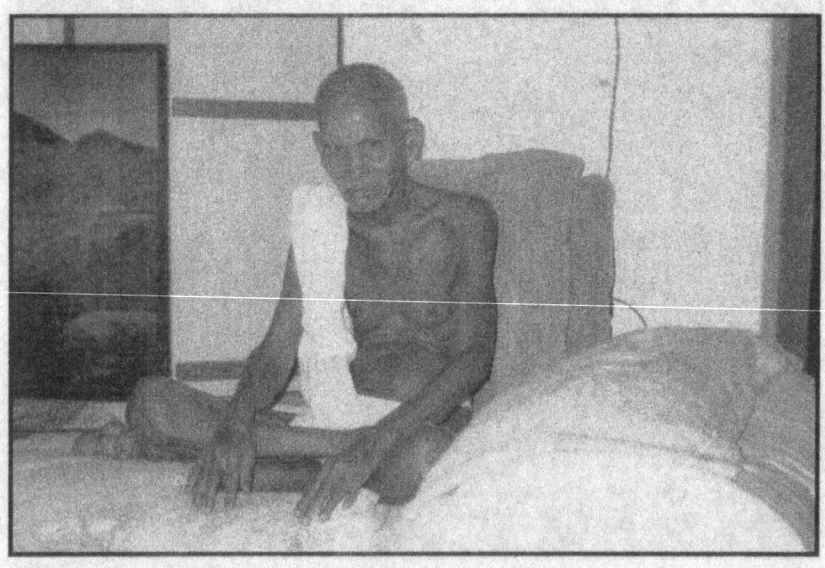

- Octobre 95 -

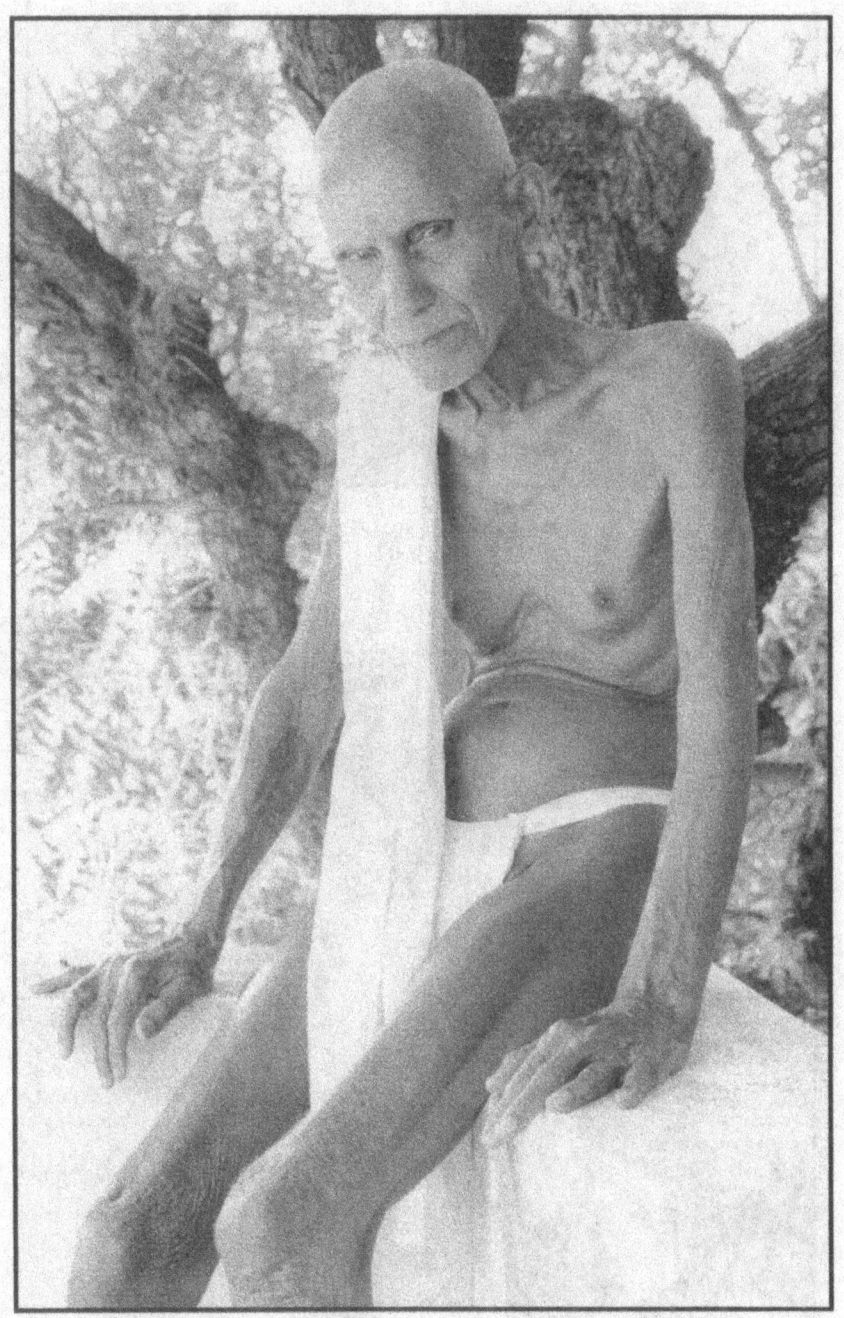

- Octobre 1995 -

Annamalai Swâmî avec Sundaram, un de ses proches disciples.
- Fin 1994 -

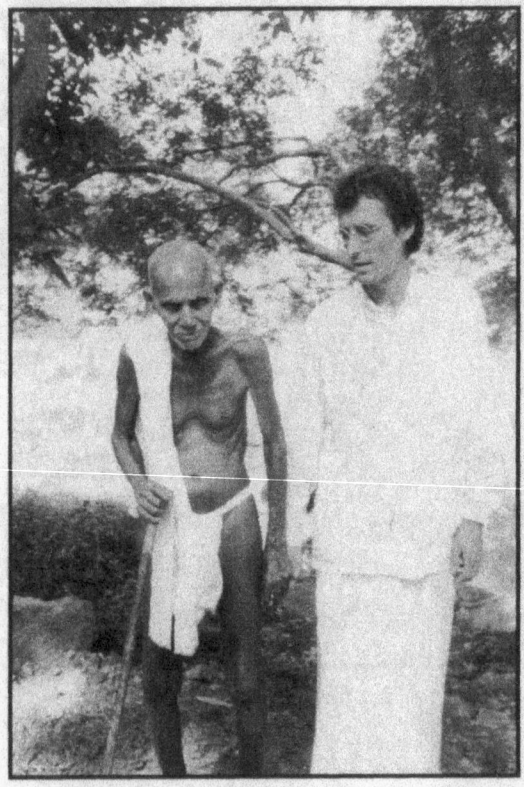

Annamalai Swâmî
avec Gabriel Baechler
le traducteur de
l'édition française.

vie. La méditation continue est nécessaire pour tous ceux qui veulent demeurer dans le Soi.

Vous divisez votre vie en différentes activités : « Je mange », « Je médite », « Je travaille », etc. Si vous avez des idées de ce genre, vous vous identifiez encore avec le corps. Débarrassez-vous de toutes ces idées et remplacez-les par la seule pensée « Je suis le Soi ». Cramponnez-vous à cette idée et ne la lâchez plus. N'accordez aucune attention à ces idées « Je suis le corps ».

« Je dois manger maintenant », « Je vais aller dormir maintenant », « Je vais prendre un bain maintenant » : toutes les pensées de ce genre sont des pensées « Je suis le corps ». Apprenez à les reconnaître quand elles surviennent, et apprenez à les ignorer et à les repousser. Demeurez fermement dans le Soi et ne permettez pas au mental de s'identifier avec une quelconque activité du corps.

Q : Quelle est la manière correcte de poursuivre l'investigation du Soi ?

A.S. : Bhagavan a dit : « Quand des pensées surviennent, arrêtez leur développement en recherchant : "À qui cette pensée vient-elle ?" aussitôt que la pensée apparaît. Qu'importe que beaucoup de pensées continuent de surgir ? Recherchez leur origine ou découvrez à qui elles viennent, et tôt ou tard le flot des pensées va s'arrêter. »[30]

Voilà comment on devrait pratiquer l'investigation du Soi.

Quand Bhagavan parlait ainsi, il utilisait parfois l'analogie d'une forteresse assiégée. Si l'on ferme systématiquement toutes les entrées d'une telle forteresse et que l'on abat un à un les occupants quand ils essayent d'en sortir, tôt ou tard la forteresse sera vide. Bhagavan disait que l'on devrait appliquer la même tactique avec le mental. Comment s'y prendre pour faire cela ? Cernez toutes les entrées et les sorties du mental en ne réagissant pas aux pensées qui surviennent ou aux impressions des sens. Ne laissez pas de nouvelles idées, jugements, attirances, répulsions, etc. pénétrer le mental, et ne laissez pas les pensées qui surviennent fleurir et distraire votre attention. Quand vous avez cerné le mental de cette manière, mettez à l'épreuve chaque pensée qui émerge à l'instant où elle apparaît en demandant : « D'où viens-tu ? » ou « Qui est la personne qui a cette pensée ? » Si vous pouvez le faire continuellement, avec pleine attention, les nouvelles pensées vont apparaître momentanément puis disparaître. Si vous pouvez maintenir le siège assez longtemps, un moment viendra où plus aucune pensée ne s'élèvera ; ou s'il en survient, ce ne seront que des

---

30. Ceci est une paraphrase des instructions que Bhagavan lui-même a données dans *Qui suis-je ?* L'analogie de la forteresse assiégée qui apparaît au paragraphe suivant est aussi tirée de *Qui suis-je ?* mais Annamalai Swâmî présente cette analogie avec beaucoup plus de détails que Bhagavan.

images fugitives à la surface de la conscience, dépourvues de tout pouvoir de vous distraire. Dans cet état libre de pensée, vous commencerez à avoir l'expérience de vous-même en tant que conscience, non en tant que mental ou corps.

Cependant, si vous relâchez votre vigilance, même pendant quelques secondes, et permettez à de nouvelles pensées de s'échapper et de se développer sans avoir été mises à l'épreuve, le siège sera levé et le mental retrouvera tout ou partie de sa force antérieure.

Dans une vraie forteresse, les occupants ont besoin d'être continuellement approvisonnés en nourriture et en eau, pour pouvoir tenir le coup pendant un siège. Quand ils se retrouvent à court de provisions, ils doivent se rendre ou mourir. Dans la forteresse du mental, les occupants, qui sont les pensées, ont besoin d'un penseur qui leur accorde de l'attention et qui se complaise en elles. Si le penseur retire son attention des pensées qui surviennent ou les met à l'épreuve avant qu'elles n'aient eu une chance de se développer, les pensées vont mourir de faim. On les met à l'épreuve en se demandant de manière répétée : « Qui suis-je ? Qui est la personne qui a ces pensées ? » Pour que la mise à l'épreuve soit effective, elle doit être faite avant que la pensée qui survient n'ait eu une chance de se développer en un flot de pensées.

Le mental n'est qu'un assemblage des pensées et du penseur qui les pense. Le penseur est la pensée « Je », la pensée originelle qui surgit du Soi avant toutes les autres, qui s'identifie avec toutes les autres pensées et dit : « Je suis ce corps ». Quand vous avez éradiqué toutes les pensées à l'exception du penseur lui-même par une investigation incessante, ou en refusant de leur prêter attention, la pensée « Je » sombre dans le Cœur et abdique, ne laissant derrière elle qu'une conscience de la conscience. Cette abdication n'aura lieu que lorsque la pensée « Je » aura cessé de s'identifier avec les pensées qui surviennent. Tant qu'il y aura des pensées vagabondes attirant ou distrayant votre attention, la pensée « Je » dirigera toujours son attention à l'extérieur plutôt qu'à l'intérieur. Le but de l'investigation du Soi est d'amener la pensée « Je » à se diriger à l'intérieur, vers le Soi. Cela se passera spontanément aussitôt que vous cesserez de vous intéresser aux pensées qui vous viennent.

Q : Beaucoup de gens trouvent l'investigation du Soi très difficile. Même la plupart des dévots de Bhagavan semblent suivre une voie de *bhakti*. Si l'on ne peut pas pratiquer l'investigation avec succès, ne devrait-on pas d'abord purifier le mental avec *japa* ?

A.S. : Non. Si vous êtes intéressé par la voie de l'investigation du Soi, vous devriez la suivre, même si vous avez l'impression de n'être pas très doué pour cela. Si vous voulez faire l'investigation du Soi efficacement et correctement, vous devriez vous en tenir à cette seule méthode. D'autres méthodes peuvent être bonnes en elles-mêmes, mais elles ne sont pas bonnes en tant que préparation à l'investigation du Soi. Si vous voulez sérieusement devenir un bon joueur de violon, vous prenez des leçons d'un bon professeur et pratiquez autant que vous pouvez. Si vous rencontrez des difficultés, vous n'allez pas vous mettre à la clarinette pendant quelques mois : vous vous en tenez à l'instrument choisi et continuez de pratiquer jusqu'à ce que cela aille bien. La meilleure préparation à l'investigation du Soi est l'investigation du Soi.

Q : J'ai reçu des initiations tibétaines. On m'a donné divers *mantras* et rituels à faire. Dois-je les poursuivre ?

A.S. : Le meilleur *mantra* est « Je suis le Soi ; tout est mon Soi ; tout est un. » Si vous gardez tout le temps cela à l'esprit, le Soi va finir par se révéler à vous.

Ne vous satisfaisez pas de rituels et d'autres techniques de « jardin d'enfants ». Si vous êtes sérieux, allez directement vers le Soi. Cramponnez-vous-y aussi obstinément que vous le pouvez et ne laissez rien ni personne vous faire lâcher votre emprise.

Q : Le mental est en flux constant, comme une rivière qu'on ne peut stopper. La plupart du temps, je ne suis même pas capable d'atteindre le Soi. Comment pourrais-je me cramponner à quelque chose que je ne peux même pas approcher ?

A.S. : Quand il s'élève, le mental se tourne immédiatement vers le monde et s'extériorise. Si vous faites l'investigation du Soi, vous pouvez l'exercer à s'écouler vers le Soi. Dans le sommeil profond, le mental va automatiquement vers le Soi, mais vous n'en êtes pas conscient. Par la pratique soutenue de l'investigation du Soi, le mental peut être entraîné de manière telle qu'il s'écoule automatiquement vers le Soi dans les états de veille et de rêve. C'est très difficile au début, mais on peut y arriver avec de la pratique. L'investigation du Soi répétée ramène le mental dans le Soi. D'autres méthodes peuvent produire de bonnes expériences, mais les bonnes expériences ne feront pas retourner et demeurer le mental dans le Soi.

Q : Combien de temps faut-il méditer ? Combien d'heures par jour ?

A.S. : La méditation doit être continue. Le courant de la méditation doit être présent dans toutes vos activités. Avec de la pratique, travail et méditation peuvent aller de pair.

Q : Je fais *japa*. J'ai été initié par un saint bengali. Je le fais comme Bhagavan le suggère. J'essaye de rechercher la source du son.

A.S. : Votre pratique sera plus efficace si vous essayez de trouver qui fait le *japa*.

Q : Les désirs peuvent-ils être extirpés par la méditation ou bien doivent-ils être satisfaits avant de finalement s'apaiser ?

A.S. : Tous les désirs sont des désirs de l'ego et l'ego se dissout si l'on demeure fermement dans le Soi. Si vous succombez à vos désirs, vous vous identifiez avec votre ego. Si vous mettez le mental dans le Soi et l'y maintenez, vous vous identifiez avec le Soi. Si le mental est fermement enraciné dans le Soi, la plupart des désirs ne s'élèveront pas, et les rares qui le feront, ne vous dérangeront pas du tout, parce qu'il n'y aura aucune impulsion à agir sur eux.

Q : Est-ce qu'il est bon de consacrer du temps à se maintenir en bonne santé ? Doit-on, par exemple, faire du *hatha yoga* pour garder le corps en bonne santé ?

A.S. : Il est difficile de s'adonner à la *sâdhanâ* si le corps n'est pas en bonne condition. Le *hatha yoga* est un des moyens de rester en bonne santé. Bhagavan disait cependant que de toutes les différentes *âsanas*, *nididhyâsana* est la meilleure. Il ajoutait que *nididhyâsana* signifie s'établir à demeure dans le Soi.

N'accordez pas trop d'attention au corps. Si vous vous inquiétez du bien-être de votre corps, vous vous identifiez de plus en plus avec lui. Regardez-le comme un véhicule utile : entretenez-le, donnez-lui le carburant qui lui convient, réparez-le s'il tombe en panne, mais ne vous y attachez pas. Si vous arrivez à maintenir votre attention sur le Soi sans que des sensations corporelles déplaisantes ne vous distraient, alors vous avez une assez bonne santé pour vous adonner à la *sâdhanâ*. Si vous faites votre méditation sérieusement et continuellement, vous allez découvrir que les problèmes de santé ne vous distraient pas. Lorsque vous êtes fermement et solidement établi dans le Soi, vous cessez d'être conscient du corps et de ses douleurs.

5

A.S. : Bhagavan dit une fois : « Se corriger soi-même, c'est corriger le monde entier. » Quand on s'est corrigé soi-même complètement, on découvre qu'il n'y a personne d'autre que soi à corriger. On devient intérieurement tranquille et paisible et l'on rayonne spontanément de bonheur.

Tous les êtres en bénéficient.

Si une puissante lumière brille, elle n'a pas besoin de dire à l'obscurité : « Allez-vous-en s'il vous plaît. » En présence d'une lumière aussi puissante, toute l'obscurité disparaît. De même, le *jnâni* rayonne spontanément d'une lumière spirituelle qui chasse automatiquement l'obscurité de l'ignorance spirituelle.

Q : Pourquoi Dieu a-t-il fait le monde si imparfaitement ? Quel est le but d'un monde dans lequel tout le monde souffre continuellement ? Pourquoi y a-t-il de l'obscurité à chasser pour le *jnâni* ?

A.S. : Le but ultime de la vie est d'entreprendre une recherche sur la nature du Soi et de s'y établir fermement.

De toutes les naissances, cette naissance humaine est la plus précieuse parce que dans cette vie nous avons reçu la faculté d'investigation. Grâce à cette faculté, nous pouvons entreprendre une recherche sur la vraie nature du Soi. Cette précieuse vie ne nous est pas donnée pour être gaspillée dans des plaisirs sensuels. Elle ne nous est donnée que pour nous permettre de connaître notre vrai Soi.

Le saint Tâyumânavar a chanté dans un de ses versets :

> J'étais venu en ce monde pour me réaliser moi-même, mais j'oubliai ce pour quoi j'étais venu. Mon mental s'illusionna en accumulant des richesses et en se complaisant dans les plaisirs sensuels.

> J'étais victime de l'illusion, perdu en *mâyâ*, recherchant les plaisirs éphémères que procurent la richesse et les femmes. Pour tuer cette illusion, mon Gourou me donna la magnifique épée de *jnâna*.[31]

Q : Combien de temps devrait-on rester avec le Gourou ?

A.S. : Jusqu'à ce que "l'œil de la sagesse" se soit ouvert, on a besoin du contact avec les *sâdhus* qui ont réalisé le Soi, de manière à pouvoir prendre conscience de son propre Soi. On devrait aussi étudier et pratiquer les enseignements du Gourou.

Si vous fréquentez des personnes mauvaises ou trop préoccupées par les choses de ce monde, votre méditation sera perturbée par leurs tendances mentales. Il vaut mieux éviter leur compagnie. On ne devrait ni les haïr ni les prendre en aversion, on devrait simplement ne pas se mêler à elles.

Q : Faut-il éviter les choses de ce monde jusqu'à ce que l'on ait atteint un certain degré de contrôle mental ?

A.S. : Tant que le corps est en vie, il a besoin de nourriture, de vêtements

---

31. Quand Annamalai Swâmî cite des œuvres d'auteurs tamils, ou des œuvres scripturaires, il ne cite pas littéralement les versets, il en exprime l'essence. La matière citée devrait donc être regardée comme une paraphrase plutôt que comme une traduction.

et d'un abri. Ce n'est pas un obstacle à *jnâna* que de gagner l'argent qu'il faut pour subvenir à ses besoins de base.

Q : Certaines personnes ont la liberté d'abandonner les choses de ce monde. D'autres, non. Elles doivent tout le temps vivre et travailler avec des personnes attachées au monde.

A.S. : Avant notre venue en ce monde, tous les incidents de notre vie ont été prédéterminés : où nous devons vivre, les actes que nous devons accomplir, etc. Si nous désirons autre chose que notre *prârabdha*, ce qui a nous a déjà été destiné, nous ne pouvons pas l'obtenir.

Q : Alors, il n'y a pas de raison de faire des plans pour le futur. Il vaut mieux se couler dans ce qui arrive au jour le jour.

A.S. : Selon notre *prârabdha*, les efforts nécessaires et devant avoir lieu surviendront dans notre mental.

Q : Alors, penser avoir le choix est pure imagination. L'impression d'avoir le choix n'est pas réelle.

A.S. : Exact ! Toutes les difficultés que nous éprouvons dans la vie nous ont été données par Bhagavan de manière à ce que nous nous tournions vers le Soi.

Quelqu'un demanda une fois à Bhagavan : « Pourquoi Dieu a-t-il choisi cette manière de ne dispenser sa grâce que par le moyen de la souffrance ? Pourquoi n'a-t-il pas choisi un autre moyen ? »

Bhagavan répondit : « C'est Sa manière. Qui êtes-vous pour contester Sa compétence ? »

Une autre fois, un dévot demanda : « Pourquoi Dieu n'apparaît-il pas devant moi ? »

Bhagavan répondit : « S'il apparaît devant vous en personne, vous ne Le laisserez pas en paix. Il n'apparaît pas parce qu'il a peur de vous. Il a peur de Se manifester sous une forme que vous puissiez reconnaître parce qu'il sait que s'il le fait, vous ne ferez que Lui énumérer une longue liste de choses que vous désirez. »

Q : Est-il désirable de vouloir voir Dieu ?

A.S. : Mânikkavâchagar a dit dans un de ses chants : « Dieu n'est pas une personne. Il n'est pas non plus une chose particulière. Pourtant, sans Dieu, il n'y a rien, parce que Lui seul est tout. »

Voir son propre Soi et voir ce même Soi dans tout ce qui est, c'est voir Dieu.

Q : Alors, il vaut mieux ne vouloir que le Soi sans forme ?

A.S. : Un jour, j'ai entendu Bhagavan dire à Paul Brunton : « Si vous pratiquez *Yupâsanâ* [méditation] sur le Soi qui règne en tout et partout, vous recevrez l'énergie infinie. » Tous les êtres, toutes les choses, toutes les personnes du monde sont votre propre Soi. Ils font tous indivisiblement partie de vous. Si vous pouvez voir tout comme votre propre Soi, comment pouvez-vous faire du tort à autrui ? Quand vous avez cette claire vision, tout ce que vous faites aux autres, vous savez que c'est à vous-même que vous le faites.

Aimer une chose au lieu d'une autre, c'est le *samsâra* ; apprécier et aimer toute chose, c'est la sagesse. Si l'on voit à par-tir de cette réalisation que toutes les personnes sont notre propre Soi, on goûte la même paix que celle que l'on goûte dans le sommeil profond. La différence est qu'on la goûte ici et maintenant à l'état de veille.

Q : N'y a-t-il pas d'interruptions dans la conscience du Soi du *jnâni* ? Par exemple, s'il est absorbé dans la lecture d'un bon livre, sa pleine attention sera-t-elle toujours dirigée sur le livre ? Sera-t-il simultanément conscient qu'il est le Soi ?

A.S. : S'il y a des interruptions dans sa conscience de Soi, cela signifie qu'il n'est pas encore un Avant d'être établi dans cet état, sans interruption ni changement, on doit l'atteindre et y goûter un grand nombre de fois. Par la pratique continue de la méditation, il finit par devenir permanent.

Il est très difficile d'être à demeure dans le Soi, mais une fois qu'on y est parvenu, cela se poursuit sans effort et est acquis à jamais. C'est un peu comme de propulser une fusée dans l'espace. Beaucoup d'effort et d'énergie sont requis pour échapper au champ de gravitation de la terre. Si la fusée ne va pas assez vite, la pesanteur va la ramener sur la terre. Mais une fois qu'elle a échappé à l'action de la pesanteur, elle peut rester dans l'espace, sans aucun effort, et sans retomber sur la terre.

Q : J'ai lu beaucoup de récits de Gourous et de saints accordant leur bénédiction. Je ne comprends pas ce qu'est cette bénédiction. Est-ce que le saint répand ou diffuse une énergie qui est en lui ? Fait-il en sorte que quelque chose se passe dans la conscience ? Comment cela marche-t-il ?

A.S. : Éprouver de l'amour pour un autre être humain est une bénédiction et éprouver de la colère envers lui est une malédiction.

Q : Est-ce que cela signifie que quand nous aimons un Gourou nous attirons ses bénédictions ? Est-ce notre *karma* que de rencontrer un Gourou et de l'aimer ?

A.S. : Ce n'est que lorsque nos bons *karmas* portent fruit que l'on entre en contact avec un sage. Seuls ceux qui ont accumulé du bon *karma* pendant plusieurs vies ont la chance de rencontrer et d'aimer un sage.

Q : Est-ce que la bénédiction que l'on reçoit d'un sage fait partie de notre destinée ? Le sage peut-il gratifier quelqu'un d'une bénédiction qui supprime une partie de son *karma* ou le change d'une certaine façon ?

A.S. : La bénédiction d'un *jnâni* réduit l'intensité de notre *prârabdha karma* [le *karma* qui doit être expérimenté dans cette vie]. Bien qu'elle ne change pas le *karma*, elle en réduit l'intensité. Être sous la protection du Gourou est un peu comme être à l'ombre d'un grand arbre. Quand une personne qui a été dehors au soleil se repose sous un arbre, son inconfort est légèrement atténué.

Q : C'est la dernière fois que nous pouvons venir vous voir. Nous retournons en France demain. Nous aimerions vous remercier pour les précieux conseils que vous nous avez donnés.

A.S. : Si, de retour en France, vous avez encore des doutes, recherchez et demandez-vous : « À qui ces doutes sont-ils venus ? » Si vous les mettez à l'épreuve de cette façon, ils vont bientôt disparaître.

Q : Ici, en ce lieu, le sentiment du Soi est très clair. En France, il ne sera pas aussi facile de rester en contact avec ce sentiment.

A.S. : S'il y a méditation constante, des doutes de ce genre ne pourront pas pénétrer votre mental.

A.S. : Si vous en avez tiré profit, la grâce de Bhagavan en est l'unique cause.

Q : Quand je lis les publications de Râmanasramam, Bhagavan paraît souvent être strict et sévère. Bhagavan était-il aussi aimable avec vous que vous l'avez été avec nous ?

A.S. : Ses réponses variaient selon les personnes. En ce qui me concerne, il a toujours été aimable et plein d'égards. Mais vous ne devriez pas juger Bhagavan d'après son comportement. S'il se fâchait avec des gens ou les ignorait, c'était toujours pour leur propre bien. Il transmettait sa grâce par sa colère aussi bien que par sa gentillesse.

Q : Le corps de Bhagavan s'en est allé maintenant. Je sais intellectuellement qu'il est le Soi et qu'il est partout, mais il m'arrive quand même de souhaiter avoir la bonne fortune de m'asseoir en sa présence physique. Je sais qu'en fin de compte, le corps n'est pas important, mais je me sentirais si heureux et en sécurité si j'avais la possibilité d'aller parler ou simplement m'asseoir avec Bhagavan chaque fois que j'ai un problème.

A.S. : Tout ce que vous voyez est le corps de Bhagavan. La présence-guide que vous désirez rayonne à travers toutes ces formes et les anime. Ne vous attachez pas à la forme ni au corps de Bhagavan. Le vrai Bhagavan est au-delà de la forme et au-delà de la mort.

Bien que l'eau s'écoule par la bouche d'un tigre de pierre, chacun sait qu'elle ne vient pas du tigre ; nous savons tous qu'elle vient du réservoir. De même, Bhagavan parle aujourd'hui à travers quiconque le connaît et l'expérimente tel qu'il est.

6

A.S. : La veille, le rêve et le sommeil profond sont comme un long rêve se déroulant dans la conscience. Si nous voyons un rêve et sommes impliqués dans ce rêve, tous les événements que nous voyons semblent réels pendant la durée du rêve. Mais quand nous nous réveillons, le rêve disparaît et nous réalisons que jamais rien ne s'est réellement passé en dehors de notre mental. Quand vous vous éveillez à la conscience réelle, tout le processus de veille, rêve et sommeil disparaît comme le rêve de la nuit précédente. Vous comprenez immédiatement que cela n'a jamais été réel. Maintenant, en cet instant même, parce que nous sommes ignorants du Soi, nous rêvons ce monde et imaginons qu'il est réel. Nous sommes si absorbés dans le rêve que nous croyons qu'il est l'unique réalité.

Cette vie de l'état de veille n'est qu'un long rêve qui empêche notre attention de se porter sur ce que nous sommes réellement. Si vous adoptez l'attitude de considérer que tous les événements du monde sont des événements de rêve, votre mental s'apaise. C'est seulement lorsque vous prenez ce monde de rêve pour une réalité que vous vous agitez.

Q : Je ressens fortement que la vie est un long rêve, mais je n'arrive pas à voir à travers le rêve. C'est comme cela depuis des années.

A.S. : Si vous croyiez vraiment que toute la vie est un rêve, jamais rien au monde ne vous dérangerait. Si vous avez encore des problèmes et des soucis, comme de ne pas arriver à voir à travers le rêve, cela signifie que vous n'avez pas encore complètement cessé de vous identifier avec ce qui apparaît temporairement dans votre conscience.

Vous devriez rechercher : « Qui n'arrive pas à percer le rêve ? »

Le vrai « Je » ne s'identifie pas au rêve. Si vous n'oubliez pas votre véritable Soi, la veille, le rêve et le sommeil ne vous affectent pas. Les choses autour de vous changent tout le temps, mais ce que nous sommes réellement demeure immuable.

La pure existence, « Je suis » sans attribut ni adjonction, est commune à tous. Personne ne peut nier sa propre existence. Ce « Je suis » est sans limites, mais quand nous l'identifions à tort avec le corps et le mental, et que nous créons une identité limitée pour nous-mêmes, la souffrance commence.

C'est seulement dans cette vie humaine que les trois états de veille, de rêve et de sommeil sont fournis avec le sens de quelque chose qui les dépasse, quelque chose que l'on peut expérimenter et vivre.

Nous voyons un rêve, et cependant, au moment du réveil, le rêve disparaît et nous existons dans l'état de veille. Au moment où nous allons dormir, le monde entier disparaît. En observant ces trois états, nous en venons à comprendre que c'est leur nature d'apparaître et de disparaître. Si nous poursuivons notre investigation en examinant minutieusement la nature de cette chose appelée mental, nous pouvons faire l'expérience directe que ce que nous sommes réellement est pure conscience. Quand nous cessons de nous identifier avec le corps et le mental, nous prenons conscience du fait que cette pure conscience est inaffectée par tous les changements et événements qui semblent avoir lieu en elle.

Le seul but de la vie est d'apprendre comment demeurer dans cette conscience. Nous devons apprendre à rester en *turîya*, le quatrième état, notre état originel qui est le témoin des trois autres états.

S'adonner à n'importe quelle forme de *sâdhanâ* sans d'abord comprendre que le soi individuel est inexistant, c'est de la complaisance envers soi-même. C'est une forme de divertissement spirituel dans lequel le «Je» illusoire se moque de lui-même.

Le saint Tâyumânavar dit une fois: «Pourquoi tous ces *mahâ* yogas [grands yogas]? Tous ces yogas sont *mâyâ*!»

Si vous essayez de méditer sans comprendre que votre nature réelle est le Soi, uniquement le Soi, votre pratique de la méditation ne fera que vous amener à plus d'asservissement mental.

Bhagavan dit une fois: «Pour maintenir le mental dans le Soi, tout ce que vous avez à faire, c'est rester tranquille.»

Pour réaliser le Soi, vous n'avez effectivement rien d'autre à faire que de rester tranquille. Cessez simplement de vous identifier avec le mental et cramponnez-vous au Soi: cela suffit. Restez tranquille et cultivez la conscience: «Je suis le Soi; le Soi est tout.» Quelles difficultés peuvent bien découler d'une simple pratique comme celle-ci?

Q: Le mental ne veut pas qu'on l'ignore. Il aime tournoyer sans cesse. Je suis venu vous voir parce que je pensais que vous pourriez peut-être m'aider à acquérir un certain contrôle de mes pensées rebelles.

A.S.: «Qui est venu ici chercher de l'aide?» Découvrez qui est cette personne. Ne tenez pas pour forcément établi qu'elle existe et qu'elle a besoin d'aide pour ses problèmes. Si vous pensez de cette façon, vos problèmes vont augmenter, et non diminuer.

S'identifier avec le corps et le mental entraîne l'ignorance du Soi. C'est la manière dont l'ego voit le jour. Se détacher du corps et du mental et s'en défaire entraîne la mort de l'ego.

Un jour Bhagavan m'a dit : « Celui qui limite le Soi en se prenant pour le corps et le mental a tué son propre Soi. Pour avoir tué le Soi, il doit être puni. La punition est naissance et mort, et souffrance continuelle. »

Q : La fin de la souffrance est-elle déterminée par le *prârabdha karma*, ou bien peut-on avancer sa venue par l'effort personnel ?

A.S. : La souffrance ne prend fin qu'en réalisant le Soi. Rien d'autre ne saurait y mettre un terme.

Q : Cela peut-il arriver n'importe quand ?

A.S. : Ici et maintenant vous êtes déjà le Soi. Vous n'avez pas besoin de temps pour réaliser le Soi ; tout ce dont vous avez besoin, c'est la compréhension juste. Chaque fois que vous vous identifiez avec le corps et le mental, vous allez dans la direction de l'ego et de la souffrance. Au moment où vous renoncez à cette identification, vous êtes en marche vers votre Soi réel, vers le bonheur.

Q : Nous sommes habitués à faire des distinctions entre les choses. Vous dites : « Méditez que vous êtes le Soi. » Si j'essaye de cultiver ce sentiment « Je suis le Soi », ce ne sera pas la chose réelle. Ce ne sera qu'une autre idée dans le mental. Est-ce que le fait de penser à cette idée peut réellement m'aider ?

A.S. : Quand je dis : « Méditez sur le Soi », je vous demande d'être le Soi, pas d'y penser. Soyez conscient de ce qui demeure quand les pensées s'arrêtent. Soyez conscient de la conscience qui est l'origine de toutes vos pensées. Soyez cette conscience. Sentez que c'est ce que vous êtes réellement. Si vous faites cela, vous méditez sur le Soi. Mais si vous ne pouvez pas vous stabiliser dans cette conscience parce que vos *vâsanas* sont trop fortes et trop actives, il est bénéfique de se cramponner à la pensée « Je suis le Soi ; je suis tout. » Si vous méditez de cette façon, vous ne coopérerez pas avec les *vâsanas* qui obstruent votre conscience du Soi. Si vous ne coopérez pas avec vos *vâsanas*, tôt ou tard elles sont obligées de vous quitter.

Si cette méthode ne vous attire pas, alors, observez simplement le mental avec pleine attention. Chaque fois que le mental erre, prenez-en conscience. Regardez comment les pensées se lient les unes aux autres et observez comment ce fantôme appelé mental s'empare de toutes vos pensées et dit : « Ceci est ma pensée. » Observez les habitudes du mental sans vous identifier à elles d'une quelconque façon. Si vous accordez à votre mental une attention pleine et détachée, vous commencerez à comprendre la futilité de toutes les activités mentales. Observez le mental errer çà et là, chercher des choses ou des idées futiles et inutiles qui en fin de compte ne feront que lui créer de la souffrance. Observer le mental nous donne une connaissance de ses procédés intérieurs. Cela nous incite à rester détachés de toutes nos pensées. Au bout du compte, si nous nous efforçons avec assez d'ardeur, cela nous donne la capacité de demeurer en tant que conscience, inaffectés par les pensées éphémères.

Q : Est-il mieux de méditer ainsi tout seul, ou bien y a-t-il quelque avantage à méditer avec d'autres personnes ?

A.S. : Si les chercheurs sont toujours en compagnie de personnes attachées au monde qui prennent le mental et le corps pour « Je », ils seront affectés par leurs tendances mentales. L'ignorance du Soi peut être contagieuse. Ne fréquentez pas ceux qui sont attachés au monde. Pratiquez la méditation soit seul, soit avec des personnes qui s'efforcent aussi de renoncer à leurs attachements mentaux.

Q : Je pense que c'est un conseil très utile. Mais en Occident, il est très difficile de pratiquer avec des gens ayant le même état d'esprit. Les personnes spirituelles sont peu nombreuses et éloignées les unes des autres.

A.S. : Ce que vous dites est peut-être vrai. Si votre méditation devient suffisamment forte et constante, personne ne peut la perturber. Si c'est notre destinée de vivre avec des personnes étrangères à la spiritualité, extérieurement nous devrions nous comporter comme elles, mais intérieurement notre totale attention devrait se diriger vers le Soi.

Q : La pratique dont vous parlez est une manière totalement nouvelle de vivre.

A.S. : C'est la vie réelle. Toutes les autres vies sont *mâyâ*. Ne prenez pas la vie *mâyâ* pour la vie réelle. Le saint Mânikka-vâchagar dit un jour : « Le Seigneur Shiva m'a donné la bénédiction de ne pas pouvoir accorder de réalité à cette vie *mâyâ*. »

Q : Nous sommes habitués à *mâyâ*. C'est pourquoi il nous est très difficile défaire des progrès.

A.S. : De nouveau, recherchez : « Pour qui y a-t-il cette difficulté ? » N'accordez pas de réalité à cela même qui provoque tous vos ennuis.

Q : Est-ce que nous n'avons pas d'autre fonction en ce monde que de découvrir notre propre Soi ? N'est-ce pas notre devoir de faire preuve d'un peu d'amour et de compassion envers autrui ?

A.S. : Si vous vous découvrez vous-même, vous serez en mesure de donner de l'amour et de la compassion au monde entier. Cela s'écoulera automatiquement de vous. Le soleil est plein de lumière, qu'il donne au monde sans la moindre partialité. Si vous devenez pure lumière spirituelle en réalisant le Soi, cette lumière se répandra partout. Cette effusion de votre Soi est amour et compassion pour l'univers entier. On peut essayer de faire du bien aux autres, mais il n'en résultera pas beaucoup de véritable bien à moins que l'on se connaisse soi-même. Comment un aveugle peut-il aider d'autres personnes ?

Q : Je comprends ce que vous dites : que nous ne sommes ni le corps ni le mental, et que cette vérité doit être expérimentée de plus en plus. Mais nous devons prendre soin de ce corps et de ce mental. Nous devons aussi faire quelque chose dans le monde. Nous ne pouvons pas simplement nous asseoir et méditer tout le temps. Si nous faisons cela, nous devenons un fardeau pour les autres.

A.S. : Nous devons prendre soin du corps en lui donnant nourriture, abri et vêtements. C'est nécessaire, car le voyage vers le Soi n'est aisé que lorsque le corps est en bonne santé. Si un bateau n'a pas besoin de réparation, s'il est en bon état, nous pouvons facilement l'utiliser pour partir en voyage. Mais nous ne devrions pas oublier le but dans lequel ce corps nous a été donné. Nous ne devrions pas nous laisser détourner en nous préoccupant trop d'avoir une bonne santé ou en nous souciant des problèmes des autres. Notre but dans la vie est de réaliser le Soi. C'est chose aisée que de se procurer un peu de nourriture et de trouver un endroit convenable où vivre et méditer. Une fois que nous y avons réussi, nous ne devrions pas nous intéresser davantage au monde et à ses problèmes.

Q : Les gens de ce pays semblent vouer un culte à beaucoup de dieux différents. Qui sont toutes ces différentes déités et pourquoi est-il nécessaire d'en avoir autant ?

A.S. : Il n'y a qu'un Dieu, mais ses manifestations sont multiples. Quand le Dieu unique crée, on L'appelle Brahmâ, quand Il protège et préserve, on L'appelle Vishnou, quand Il détruit, on L'appelle Shiva. C'est comme les différentes fonctions d'un gouvernement, ou les différentes fonctions du corps. Il y a de nombreux organes différents, faisant des choses différentes, mais le corps est un.

7

Q : Je suis allé à Skandashram hier. Pendant que j'y étais assis, des larmes ont jailli sans aucune raison. J'ai pleuré et pleuré. Cela m'intrigue un peu. Pourquoi quelque chose comme cela arrive-t-il ?

A.S. : Quelque chose de semblable m'est arrivé un jour. Quand j'étais très jeune, je suis allé dans la ville et le temple où Shiva apparut pour la première fois à Mânikkavâchagar. Tandis que j'étais assis dans le temple, des larmes coulaient sur mon visage. De telles larmes sont souvent un signe de grâce. Quand vos larmes sont pour Dieu plutôt que pour les choses du monde, le mental et le cœur se purifient. Si vous désirez Dieu si ardemment que vous pleurez chaque fois que vous L'appelez, Il va sûrement venir à vous. Quand un bébé pleure, sa mère vient le nourrir. Quand un dévot pleure parce qu'il a faim de grâce. Dieu envoie la grâce pour le nourrir.

Q : Je répète *Om Namô Bhagavate Shrî Râmanâya* [Om. Obéissance à Bhagavan Shrî Râmana]. Je pratique aussi de la méditation zen. Est-ce qu'il me faut continuer ces deux pratiques ?

A.S. : Sans *bhakti* envers le Gourou, il ne peut pas y avoir de *jnâna*. Mais il vaut mieux pratiquer les enseignements de Bhagavan plutôt que de simplement répéter son nom. Le meilleur *tapas* est de suivre le chemin qui a été éclairé par le Gourou. Si vous comprenez les enseignements de Bhagavan, et les pratiquez en demeurant toujours dans le Soi, vous devenez un avec Bhagavan. C'est la véritable *bhakti* envers le Gourou.

Dans le *Vivekachûdâmani*, il est écrit : « Parmi les dizaines de millions de voies pour réaliser le Soi, la meilleure est *bhakti*. »

Mais Shankara poursuit en définissant *bhakti* ainsi : « La *bhakti* la plus élevée est la ferme dévotion envers le Soi, demeurant toujours dans le Soi. »

Q : Beaucoup de gens ressentent un pressant besoin de vouer un culte à une forme distincte d'eux-mêmes. Ils ne sont pas très attirés par le Soi. Ils préfèrent vouer un culte à un Gourou extérieur ou à un Dieu.

A.S. : Vouer un culte à des formes de la déité ou du Gourou est une aide utile aussi longtemps que l'on n'est pas assez mûr pour connaître la réalité sans forme. Ces formes ne sont que des signaux qui indiquent la réalité non manifestée.

Si vous voulez montrer une étoile particulière à quelqu'un, vous pouvez dire : « Vous voyez le bout de cette feuille sur l'arbre ? L'étoile est juste à sa gauche. »

La feuille n'est qu'un signal qui vous aide à porter votre attention sur ce que vous voulez vraiment voir. La forme du Gourou est un poteau indicateur de ce genre. Il existe avec une forme comme pour nous rappeler constamment que notre attention devrait toujours se porter sur la réalité sans forme. »

Q : Je suis la voie de la dévotion et de l'abandon. J'aime faire des *pûjâs* et d'autres actes rituels parce qu'ils m'aident à garder mon attention sur Dieu. Est-il bon de restreindre notre concept de Dieu à une forme particulière ?

A.S. : Les *pûjâs* et les différents aspects de Dieu sont pour ceux qui veulent les choses du monde. Comme Dieu est présent dans toutes les formes, la meilleure *pûjâ* est de lui rendre un culte dans toutes les formes. L'univers entier est une manifestation de Dieu. Si vous pouvez aimer tous les êtres de cet univers d'égale façon, vous accomplissez la plus haute et la plus grande des *pûjâs*.

Q : J'essaye de m'abandonner au Gourou. Comment puis-je savoir si je réussis ? C'est très facile de dire : « Je m'abandonne », mais ce n'est qu'une déclaration verbale. Cela ne signifie pas que le réel abandon a eu lieu. Je pense avoir réussi dans une certaine mesure, mais comment puis-je en être sûr ?

A.S. : Si vous vous êtes réellement abandonné au Gourou, vous verrez le Gourou dans toutes les formes. Où que vous alliez, vous ne verrez que le Gourou. Si votre mental n'est pas ferme, cela signifie que votre abandon n'est pas complet. Votre Gourou peut prendre plusieurs formes. Si votre destinée est de vous rendre à plusieurs endroits différents, votre Gourou peut prendre la forme de différents saints. Mais même s'il le fait, il n'y a quand même qu'un seul Gourou parce que le Gourou est le Soi sans forme. Vous devez apprendre à voir le Gourou en toutes choses ; vous devez apprendre à voir le Gourou partout.

Kunju Swâmî visita une fois Quilon Math. À son retour, il dit à Bhagavan qu'il n'avait pas fait *namaskâram* au Gourou du *math*.

Bhagavan lui dit : « Pourquoi limitez-vous Bhagavan à cette forme ? Il n'y a qu'un Gourou, pas trente-six. »

Seshadri Swâmî faisait une fois *namaskâram* à un âne. Quand on lui demanda pourquoi, il répondit : « Ce n'est pas un âne, c'est *Brahman*. »

Une autre fois, quand quelqu'un lui demanda pourquoi il regardait fixement un buffle, il répondit : « Je ne vois pas de buffle, je ne vois que *Brahman*. »

Q : Parfois Dieu apparaît aux dévots sous une forme physique. La forme de Dieu est-elle réelle ou n'est-elle qu'imagination ?

A.S. : Si vous voyez des noms et des formes, vous voyez le fruit de votre imagination. Si vous voyez le Soi, vous voyez la réalité.

Namdev et Tukaram avaient une grande dévotion pour Krishna. Ils pensaient tellement à Lui qu'il leur apparaissait souvent et leur parlait.

Je demandai un jour à Bhagavan : « Comment ces saints voyaient-ils Krishna ? La forme qu'ils voyaient était-elle une forme réelle ? »

Bhagavan répondit : « Comment le voyaient-ils ? Exactement de la même manière que vous me voyez et que je vous vois. Ils auraient vu une forme physique exactement de la même manière que les gens ordinaires voient les formes ordinaires. »

Ces paroles eurent un effet si puissant sur moi que je me retrouvai aussitôt dans un état de félicité dans lequel mes cheveux se dressèrent sur ma tête.

Quand des dévots disaient à Bhagavan qu'ils avaient eu des visions de Râma ou de Krishna, il répliquait souvent : « Oh ! Vraiment ? Et où est Râma maintenant ? »

Quand les dévots reconnaissaient qu'ils n'avaient plus la vision, Bhagavan disait : « Les visions vont et viennent ; elles ne sont pas permanentes. Découvrez qui a la vision. »

Le Soi sans forme est l'unique réalité. C'est la véritable nature de Dieu. Dans Sa forme réelle, jamais Dieu n'apparaît ni ne disparaît. Si vous tournez votre attention vers le Soi et l'y maintenez, vous L'expérimenterez tel qu'il est réellement.

Q : Swâmî, parfois je ressens une grâce stupéfiante et j'éprouve un profond sentiment de bien-être. Ce sentiment dure quelques jours puis s'en va. Pourquoi en est-il ainsi ?

A.S. : Si la conscience de la grâce ne dure pas, cela signifie que votre abandon n'est que partiel. Ne vous attachez pas à vos problèmes et ne vous inquiétez pas à leur sujet. Laissez tomber tous vos problèmes et remettez-les entre les mains de Bhagavan. Cultivez le sentiment : « C'est le problème de Dieu, pas le mien. »

Si vous vous abandonnez à Bhagavan, vous ne devriez vous inquiéter d'aucun de vos problèmes ou besoins. Vous devriez avoir foi en Bhagavan, être sûr qu'il prendra soin de tout. Si vous vous surprenez encore à vous faire du souci pour quelque chose, c'est que vous ne vous êtes pas encore complètement abandonné.

Tâyumânavar demanda un jour à Shiva de lui accorder une faveur :

> Vous qui prenez en charge tous les problèmes du monde, je vous en prie, prenez aussi en charge mes problèmes. Débarrassez-moi complètement de mon sens d'être celui qui agit. Vous seul agissez ; vous faites tout à travers moi.

Abandonnez-vous et acceptez que tout ce qui vous arrive et tout ce qui se passe dans le monde est la volonté de Dieu.

Q : Comment faire la différence entre les actes qui naissent de Dieu et ceux qui sont le fait de mon ego ?

A.S. : C'est très simple. Quand l'abandon est complet, tout est Dieu. Dès lors, tout ce qui arrive est Son action. Dans cet état, il y a paix, harmonie et absence de pensées. Tant que l'on n'a pas atteint cet état, tous les actes sont le fait de l'ego.

Q : Vous parlez beaucoup d'effort, rarement de grâce. Est-ce que vous n'accordez pas beaucoup d'importance à la grâce ?

A.S. : La grâce est importante ; en fait elle est essentielle. Elle est même plus importante que l'effort. La réalisation du Soi est le fruit de l'effort et de la grâce. Quand on fait un constant effort pour demeurer dans le Soi, on reçoit la grâce du Gourou en abondance. La forme de notre Gourou n'est pas le seul canal par lequel la grâce vient à nous. Si vous méditez sérieusement, tous les *jîvanmuktas* d'hier et d'aujourd'hui répondent à vos efforts en vous envoyant des flots de grâce et de lumière.

Q : Devrait-on avoir un brûlant désir de réalisation ? Un tel désir est-il nécessaire si l'on veut faire une sâdhanâ sérieuse ? Ou bien devrait-on abandonner même ce désir et simplement poursuivre notre méditation ?

A.S. : Une fois, alors que Narada se rendait à Vaikunta,[32] il rencontra deux *sâdhus* qui faisaient du *tapas*. Ils lui demandèrent où il allait. Il répondit : « A Vaikunta. » Ils voulaient tous deux savoir comment progressait leur *tapas*, aussi prièrent-ils Narada de demander à Vishnou quand ils atteindraient la libération. Narada alla à Vaikunta et revint avec l'information.

Au premier *sâdhu*, il dit : « Vous êtes très proche du but. D'ici quatre à cinq vies, vous obtiendrez la libération. »

Cette prédiction n'enchanta guère le *sâdhu* parce qu'il avait le sentiment d'être presque illuminé.

« J'ai fait du *tapas* depuis ma naissance, dit-il, et je sais que j'ai fait du *tapas* dans mes vies précédentes. Pourquoi devrais-je attendre encore quatre ou cinq vies ? Cette prédiction ne peut pas être exacte. »

Narada dit au second *sâdhu* : « Vous avez fait du *tapas* sous un tamarinier. En fin de compte, vous obtiendrez la libération, mais au préalable, il vous faudra renaître autant de fois qu'il y a de feuilles sur cet arbre. »

---

[32]. Vaikunta est le monde céleste qui est régi par Vishnou. Dans la mythologie hindoue, Narada est un messager des Dieux. De nature espiègle, il fomente la discorde sur terre et dans les royaumes célestes. Ses tours sont empreints de malice plutôt que de méchanceté. Ses interventions dans les affaires d'autrui sont toujours bénéfiques à long terme.

Le second *sâdhu* fut très heureux d'entendre cela. « J'atteindrai *moksha*! C'est certain! » s'exclama-t-il. « Cela viendra un jour. Vishnou Lui-même l'a promis. »

À l'instant, un grand vent se leva et souffla toutes les feuilles de l'arbre. Au moment où la dernière feuille toucha le sol, il réalisa le Soi.

Le *sâdhu* qui fit preuve de patience et de contentement montra qu'il s'était vraiment abandonné. L'autre *sâdhu* montra son immaturité par sa frustration et son impatience. Si vous vous êtes vraiment abandonné, vous ne demandez pas la réalisation à Dieu. Vous vous contentez de ce qu'il vous donne, quoi qu'il vous donne.

Q : Il semble qu'il faille beaucoup de temps pour réaliser le Soi ; de nombreuses vies en fait. En ce qui me concerne, la réalisation me semble être quelque chose dans le futur.

A.S. : Vous n'avez pas besoin de centaines de vies pour réaliser le Soi. De fait, vous n'avez pas du tout besoin de temps. Votre idée de temps est une des choses qui vous maintiennent en esclavage. Le temps est une des propriétés du mental. La réalisation ne vient pas au bout d'un certain temps, car il n'y a pas de temps dans le Soi. La libération vient quand vous comprenez et expérimentez qu'il n'y a personne à libérer. Cette compréhension et cette expérience ne surviennent que lorsque le mental et ses idées de temps, profondément ancrées, ont cessé de fonctionner. Si vous pensez au temps et commencez à vous soucier du temps qu'il vous faudra pour réaliser le Soi, votre attention sera dirigée sur le mental, pas sur le Soi. Vous ne pouvez progresser que lorsque le mental est tourné vers le Soi.

Q : Vous dites souvent que *satsang* est important. Puis-je avoir le *satsang* de Bhagavan bien qu'il soit mort maintenant ? Je vous le demande parce qu'une fois, alors que j'étais en Suisse, j'ai eu une très forte expérience de sa présence. À l'époque, Bhagavan était mort depuis plusieurs années.

A.S. : Bhagavan est en tout temps et en tout lieu. Puisqu'il est le Soi et non une forme physique particulière, cela a peu d'importance que le corps que nous prenions pour Bhagavan soit mort maintenant. On peut capter les ondes radio partout. Si vous vous branchez sur la longueur d'onde de Bhagavan, ce qui signifie que vous demeurez dans le Soi, vous pouvez, où que vous soyez sentir sa présence et la grâce qu'il diffuse constamment.

Jamais rien n'est séparé de Bhagavan. Chaque atome de l'univers matériel est Bhagavan. Tout acte qui a lieu dans le monde est accompli par Bhagavan seul. Tout être, toute forme est la forme de Bhagavan. Quand vous serez vraiment sur la longueur d'onde de Bhagavan, vous expérimenterez clarté et paix. Vous serez guidé où que vous soyez.

8

Q : Je suis convaincu que je suis, mais je ne sais pas très bien ce que je suis. Intellectuellement, je sais que je suis le Soi, mais je n'en ai pas l'expérience. Je dois faire beaucoup d'efforts.

A.S. : Pour faire l'expérience du Soi, vous devez plonger profondément dans la conscience « Je suis ».

Q : Est-ce que vous voulez dire que je devrais y maintenir le mental ?

A.S. : Oui. Quand vous voyez la corde en tant que corde, il n'y a pas de serpent. Vous savez aussi qu'il n'y a jamais eu de serpent.

Quand vous arrêtez d'imaginer que vous êtes un corps et un mental, la réalité rayonne d'elle-même. Si vous vous stabilisez dans cet état, vous constaterez que le mental n'allait nulle part ; vous comprendrez qu'il n'a jamais réellement existé. « Maintenir le mental dans sa source » n'est qu'une autre manière de dire : « Comprendre qu'il [le mental] n'a jamais existé. »

Q : Mais comment se réveiller de la perpétuelle conscience du corps ? Pour que la conscience se manifeste, on doit avoir un corps.

A.S. : S'il y a constante méditation sur le fait que la conscience est votre propre réalité dans laquelle tous les phénomènes apparaissent et disparaissent, cette méditation est l'activité du mental sattvique. C'est cette activité qui efface et dissout l'inertie [*tamas*] et l'activité [*rajas*] qui dissimulent la réalité.

Le corps humain est le seul véhicule qui convient vraiment pour réaliser le Soi non manifesté. Avec le corps et le mental, nous pouvons rechercher et découvrir la réalité qui demeure inaffectée par ce corps et ce mental. Avec une bonne voiture, nous pouvons voyager vite et atteindre notre destination. Nous savons que la voiture n'est pas la personne ; la personne est dans la voiture. Nous devrions regarder le corps de la même manière que nous regardons une voiture. Nous ne devrions pas penser : « Je suis le corps. » Nous devrions penser : « Ce corps est un véhicule utile. Si je l'entretiens et lui donne le carburant approprié, je peux l'utiliser pour qu'il me conduise à destination. »

Q : Quel que soit mon degré de tranquillité, ou le degré d'apaisement de mon mental, je ne parviens jamais à voir le monde comme un tout indivisible. Même quand le mental est complètement apaisé, si j'ouvre les yeux, je vois encore un monde d'objets séparés.

A.S. : Quand celui qui voit disparaît, le monde de la multiplicité s'en va avec lui. Quand la personne qui voit disparaît, on ne *voit* pas l'unité et l'indivisibilité, on *est* cette unité. On ne peut jamais voir le Soi ou *Brahman*, on peut seulement l'être.

Il a beaucoup de perles dans un collier, mais elles sont toutes reliées entre elles par un seul fil. De même, il y a une seule conscience qui se manifeste dans toutes les formes, dans tous les corps. Nous ne voyons pas les choses de cette manière. Nous pensons : « Je suis cette perle-ci. Donc toutes les autres perles sont différentes de moi. » En pensant ainsi, nous ignorons délibérément le fil commun qui les relie toutes. Si nous examinons chaque perle individuelle, il peut sembler y avoir beaucoup de différences, mais le fil à l'intérieur de chacune d'elles est un. Le fil qui relie et rassemble l'univers tout entier en une seule entité est votre propre Soi. Les corps paraissent différents à l'extérieur, mais la conscience qui les anime tous est une et la même dans tous les corps.

Cette analogie n'est pas tout à fait exacte parce que du point de vue du Soi, il n'y a pas de différence entre les perles et le fil. Ils sont tous l'unique réalité. Le corps, le mental et le monde sont tous des manifestations de l'unique réalité.

Nous commettons tous une grave erreur : nous prenons le corps et le mental pour le Soi et oublions la conscience infinie et immanente qui est la vérité de notre existence. Le *jnâni* est conscient que chaque corps, chaque mental et ce monde existent à l'intérieur de son propre Soi. Mais celui qui n'a pas réalisé la vérité de son propre Soi se voit lui-même et voit les autres comme des entités distinctes. Une telle personne vit dans et parmi les différences.

Q : Nous sommes tellement habitués à voir des différences. Impossible d'arrêter !

A.S. : On ne peut renoncer à cette habitude de faire des distinctions et de voir des différences que lorsque l'on réalise le Soi. Tant que nous restons sur le plan du corps et du mental, il n'est pas possible d'y renoncer. Remontez donc à la source de cette manifestation. Là, il n'y a pas de différence.

Renoncer à l'identification avec le corps et le mental est *tapas, samâdhi, dhyâna* et *nishthâ* [demeurer dans et en tant que le Soi].

Les chercheurs spirituels ont une habitude très étrange : ils sont toujours à la recherche d'un moyen pour atteindre le Soi, y parvenir, le découvrir, en faire l'expérience ou le réaliser. N'arrivant pas à comprendre qu'ils sont déjà le Soi, ils essayent beaucoup de choses. C'est comme courir çà et là, recherchant ses yeux avec ses propres yeux.

À quoi bon vous imaginer que c'est quelque chose de nouveau à découvrir, une nouvelle expérience à faire ? En cet instant même, vous êtes le Soi, et, en cet instant même, vous en êtes conscient. Est-ce que vous avez besoin d'une nouvelle expérience pour prouver que vous existez ? Le sentiment « J'existe » est le Soi. Vous prétendez ne pas en avoir l'expérience, ou bien vous le recouvrez avec toutes sortes de fausses idées, et puis vous courez çà et là, le cherchant comme si c'était quelque chose d'extérieur à atteindre ou à trouver. Il y a une histoire à propos de quelqu'un qui se comportait ainsi :

« Il était une fois un roi qui s'imaginait être un misérable paysan.

« Il pensait : "Si je vais trouver le roi, peut-être pourra-t-il m'aider en me donnant de l'argent."

« Il chercha le roi en maint endroit. En vain. Il finit par se démoraliser parce que sa recherche n'aboutissait à rien. Un jour, sur la route, il rencontra un homme qui lui demanda pourquoi il était si abattu.

« Il répondit : "Je cherche le roi. Je pense qu'il peut résoudre tous mes problèmes et me rendre heureux, mais je ne le trouve nulle part."

« L'homme, qui l'avait reconnu d'emblée, lui dit, passablement étonné : "Mais le roi, c'est vous !"

« Le roi reprit ses esprits et se rappela qui il était. Ses problèmes prirent fin à l'instant où il se rappela sa véritable identité. »

Vous vous dites peut-être que ce roi était un cas, mais il eut au moins assez de bon sens pour reconnaître la vérité quand elle lui fut dite.

Le Gourou a beau dire à ses disciples un millier de fois : « Vous êtes le Soi ; vous n'êtes pas ce que vous vous imaginez être », jamais un seul d'entre eux ne le croit. Ils continuent tous de demander au Gourou des méthodes et des itinéraires pour se rendre à l'endroit où ils sont déjà.

Q : Pourquoi ne laissons-nous pas tomber nos fausses idées aussitôt que l'on nous dit qu'elles sont fausses ?

A.S. : Nous nous sommes identifiés avec nos fausses idées pendant tant d'incarnations successives. L'habitude est très forte. Mais pas si forte qu'on ne puisse la dissoudre par la méditation constante.

Q : Le *sâdhaka* [chercheur spirituel] a beaucoup d'idées : « Je suis un jîva », « Je suis lié », « Je dois m'adonner à la sâdhanâ », « Il me faut atteindre la réalisation ». Devrait-on oublier toutes ces idées ? Sont-elles toutes des obstacles à la véritable compréhension ?

A.S. : Oui. Oubliez-les toutes. « Je suis le Soi, je suis tout. » Cramponnez-vous à cette conscience. Toutes les autres voies sont des détours.

Q : Bhagavan a dit que répéter : « Je suis le Soi » ou « Je ne suis pas ce corps » est une aide pour l'investigation, mais ne constitue pas l'investigation elle-même.

A.S. : La méditation « Je ne suis ni le corps ni le mental, je suis le Soi immanent » est une grande aide aussi longtemps que l'on est pas à même de pratiquer l'investigation correctement ou constamment.

Bhagavan a dit : « Maintenir le mental dans le Cœur est l'investigation du Soi. » Si vous ne parvenez pas à le faire en vous demandant : « Qui suis-je ? » ou en ramenant la pensée « Je » dans sa source, alors la méditation sur la conscience « Je suis le Soi qui est en tout et partout » est une grande aide.

Bhagavan nous disait souvent de lire et étudier régulièrement la *Ribhu Gîtâ*.

Dans la *Ribhu Gîtâ*, il est écrit : « Cette *bhâvana* [attitude mentale] "Je ne suis pas le corps, je ne suis pas le mental, je suis *Brahman*, je suis tout" doit être répétée encore et encore, jusqu'à ce qu'elle devienne l'état naturel. »

Bhagavan s'asseyait avec nous chaque jour pendant que nous récitions des extraits de la *Ribhu Gîtâ* affirmant la réalité du Soi. C'est vrai qu'il a dit que ces répétitions ne sont qu'une aide pour l'investigation du Soi, mais elles sont une aide très puissante.

En pratiquant ainsi, le mental s'harmonise de plus en plus avec la réalité. Quand il s'est purifié par cette pratique, il est plus facile de le ramener dans sa source et de l'y maintenir. Quand on est capable de demeurer directement dans le Soi, on n'a pas besoin d'aides de ce genre. Mais si cela n'est pas possible, ces pratiques peuvent indéniablement nous aider.

9

Q : J'ai une sœur qui croit que la fin du monde est imminente et qu'elle sera provoquée par un holocauste nucléaire. Bien des gens ont le même sentiment. Swâmî a-t-il une opinion à ce sujet ?

A.S. : Je ne pense pas que le monde sera détruit dans un proche futur. Mais même si c'était le cas, ce n'est pas une chose à laquelle vous devriez penser et dont vous devriez vous inquiéter. Gardez votre attention dans le présent ; gardez-la sur le Soi. Si vous vous établissez dans le Soi, vous n'avez pas besoin de vous inquiéter de l'avenir du monde. Si vous réalisez le Soi, rien ne peut vous toucher. On peut détruire le corps d'un *jnâni*, on peut détruire le monde dans lequel il vit, mais on ne peut pas troubler ni altérer sa conscience du Soi.

La disparition de l'univers entier n'affectera pas le *jnâni*, parce qu'il est indestructible. Il n'y a aucun moyen de changer la conscience, le substrat de l'univers. Quand le monde apparaît dans la conscience, la conscience elle-même ne subit aucun changement. C'est pourquoi lorsque l'univers disparaît la conscience est inaffectée.

Tout ce qui apparaît disparaîtra un jour. Il n'y a pas de permanence dans le monde des formes. Mais, jamais, en rien, cette conscience immuable dans laquelle toutes les formes apparaissent ne peut être diminuée, détruite ou altérée. Si vous apprenez à être cette conscience, vous finissez par comprendre que rien ne peut vous toucher ni vous détruire. Si, au lieu de cela, vous vous identifiez avec une forme transitoire, vous serez toujours inquiet au sujet de sa possible extinction.

Du fait de l'ignorance, nous nous inquiétons de la possible destruction du corps. Si vous faites dépendre votre bien-être du bien-être du corps, vous serez toujours la proie de l'inquiétude et de la souffrance. Quand vous savez, par expérience directe, que vous êtes le Soi, vous réalisez qu'il n'y a ni naissance ni mort. Vous réalisez que vous êtes impérissable et immortel. On appelle parfois la réalisation du Soi, l'état immortel parce qu'il ne prend jamais fin et parce que jamais il n'est détruit ni même altéré. Si vous gardez votre attention sur le Soi, vous pouvez atteindre l'immortalité. Si vous l'atteignez, dans cet ultime état d'être, vous découvrirez qu'il n'y a ni naissance, ni mort, ni désirs, ni peurs, ni inquiétudes, ni mental, ni monde.

Q : Pour garder le mental dans le Soi, on ne doit pas avoir de désirs pour autre chose que le Soi. C'est un état très difficile à atteindre. Le désir de rechercher des plaisirs dans le monde extérieur semble toujours être plus fort que le désir de rechercher le plaisir dans le Soi. Pourquoi en est-il ainsi ?

A.S. : Tout bonheur vient en fin de compte du Soi. Il ne vient pas du mental, ni du corps, ni d'objets extérieurs. Si vous désirez vivement une mangue, quand finalement vous en mangez une, il y a une grande sensation de plaisir. Quand un désir comme celui-là est comblé, le mental s'enfonce légèrement dans le Soi et goûte un peu de la félicité qui y est toujours présente. Puis il resurgit. Il se souvient du bonheur et essaye de répéter l'expérience en mangeant plus de mangues ou en satisfaisant d'autres désirs.

La plupart des gens sont complètement inconscients du fait que le plaisir et le bonheur viennent du Soi, non du mental ou du corps. Comme la plupart des gens n'ont expérimenté la paix du Soi que lorsqu'un grand désir a été comblé, ils en concluent que la recherche des désirs est le seul moyen d'expérimenter le bonheur ou la paix.

Si vous essayez de suivre cet itinéraire type vers le bonheur, cela se terminera par beaucoup de frustration et de souffrance. Vous expérimenterez peut-être occasionnellement quelques brefs moments de plaisir, mais le reste du temps vous éprouverez la douleur pour cause de désirs frustrés, de désirs qui semblent ne pas procurer de plaisir quand ils sont comblés.

Si vous essayez de revivre les plaisirs et de les revivre encore, l'attrait de la nouveauté ne tarde pas à s'estomper. Une mangue, dont vous avez eu envie pendant des jours, peut vous procurer quelques secondes de plaisir quand vous la mangez, mais le fait d'en manger cinq ou six de plus ne prolongera pas votre plaisir. La complaisance prolongée a plus de chances de provoquer de la douleur que du plaisir.

La plupart des gens dans le monde passent leur vie à poursuivre sans retenue des buts dont ils pensent qu'ils vont leur procurer du bonheur. Beaucoup d'entre eux ne prennent jamais le temps de s'arrêter et de faire leurs comptes correctement. S'ils le faisaient, ils réaliseraient que chaque période de dix secondes de bonheur est suivie par des heures, voire des jours sans le moindre bonheur. Certains s'en rendent compte, mais au lieu de renoncer à cette manière de vivre, ils s'y complaisent encore davantage. Ils pensent qu'avec un peu plus d'effort et un peu plus de complaisance sensorielle, mentale ou émotionnelle, ils peuvent allonger les courtes périodes de bonheur et réduire les longues périodes intermédiaires pendant lesquelles le bonheur fait défaut.

Cette approche ne réussit jamais. Si le mental est peuplé de forts désirs, il ne peut pas s'immerger complètement dans le Soi et goûter la paix totale et la félicité qui s'y trouvent. Il se peut que le mental expérimente un peu de cette paix si un grand désir se trouve soudainement comblé, mais ce ne sera qu'une expérience brève et temporaire. Le mental ne peut pas demeurer dans le Soi pendant qu'il est plein de désirs et d'activités. Il va resurgir au bout de quelques secondes et partir à la poursuite de son prochain but extérieur.

Le mental plein de désirs n'expérimente le bonheur du Soi que d'une manière très diluée. Si vous voulez la pleine félicité du Soi, et si vous voulez qu'elle soit permanente, vous devrez renoncer à tous vos désirs et attachements. Il n'y a pas d'autre moyen. Le mental ne peut pas rester tranquillement dans les profondeurs du Soi tant qu'il n'a pas appris à ignorer toutes les impulsions qui le poussent à rechercher le plaisir et la satisfaction dans le monde extérieur.

Tous les désirs peuvent provoquer des désagréments, même les désirs spirituels. Parfois, même le désir de méditer peut être une entrave. Une fois où je voulais m'adonner à la méditation dans la solitude d'une grotte sur Arunâchala, Bhagavan vit que cela ne faisait pas partie de mon *prârabdha* et me conseilla de renoncer à ce désir. Il dit que c'était là un désir [*sankalpa*] qui provoquerait une nouvelle naissance s'il était cultivé.

« Adonnez-vous à la méditation à Palakottu même, dit-il, restez-y tranquille et n'allez nulle part ailleurs. »

Auparavant, tandis que je m'installais à Palakottu, je dis à Bhagavan que mes seuls désirs étaient de cuisiner et manger du gruau de riz [*kanjï*], de vivre ici et de m'adonner à la méditation dans la solitude.

Bhagavan répondit : « Pourquoi avoir même ces désirs ? Ce qui doit être a déjà été déterminé. Restez tranquille, soyez sans désir et laissez advenir ce qui doit advenir. »

Q : Le cœur de l'enseignement tant de Bhagavan que de Swâmî semble être : « Je ne suis pas le corps ni le mental. Je suis le Soi. » Il semble que tous les désirs ne surviennent que parce que nous nous identifions avec le corps et le mental. Il en découle logiquement que si l'on pouvait laisser tomber cette habitude, on se retrouverait automatiquement dans un état sans désir. Est-ce vrai ?

A.S. : C'est vrai. Si l'on renonce à l'idée que l'on est le corps et le mental, on vit déjà sur un plan plus élevé.

Q : Cette question de plans plus élevés m'intéresse. J'ai lu quelque part que Bhagavan a dit une fois qu'il est très difficile de réaliser le Soi dans cette vie. Apparemment, il a aussi dit que si l'on essaye et que l'on échoue, il se peut que l'on renaisse sous une autre forme sur un plan plus élevé. Je veux savoir si c'est vrai et si oui, comment cela marche. S'il y a de tels plans, tous ceux qui s'y trouvent sont-ils au même niveau ? Parviennent-ils tous à la libération dans le même laps de temps ? Il est très difficile d'être libre de désirs ici sur cette terre, parce qu'il y a tellement de distractions. La vie sur ces plans plus élevés est-elle aussi difficile, ou bien est-elle plus facile ? Est-ce que ceux qui vivent sur ces plans doivent reprendre une forme humaine ?

A.S. : Quelques âmes mûres qui n'ont pas réussi à réaliser le Soi peuvent renaître sur un plan plus élevé. Pour renaître dans un tel monde, on doit être très pur. On ne doit rien désirer au monde. Seuls ceux qui ont voué toute leur vie à la recherche de *jnâna* peuvent espérer une telle renaissance. Il arrive que de telles personnes renaissent une dernière fois sur un plan plus élevé et y atteignent la réalisation.

Les dévots qui n'ont pas annihilé tous les désirs à l'exception du désir de *jnâna* renaîtront sur terre. La terre est le terrain d'entraînement pour le détachement [*vairâgya*]. C'est pourquoi la vie y est si perfide et décevante. On doit apprendre à vivre sans passion, ici sur terre, avant de songer à obtenir *jnâna* ou une renaissance sur un plan plus élevé.

10

Q : J'essaye tout le temps d'être continuellement conscient de « Je-je ». Je sens que ce « Je » est un centre d'où je regarde ma personnalité et mon mental. Je sens que ce mental est issu de ce centre. Parfois j'ai le sentiment que même ce centre devrait disparaître. Est-ce juste ?

A.S. : Quand on est dans le centre, le « Je suis », il n'y a ni entrée ni sortie. Il est comme il est. Si vous n'êtes pas conscient de lui tel qu'il est réellement, vous pouvez avoir l'impression que des choses entrent et sortent de ce centre. Si vous avez la conscience juste du centre, le Cœur, vous comprenez que là, il n'y a pas de va-et-vient, ni de mouvement, ni de changement.

Q : Est-il mieux de méditer pendant de longues ou de courtes périodes ?

A.S. : Sauf quand on dort, l'effort de méditer devrait continuer tout le temps. Tout comme la rivière qui s'écoule sans cesse vers la mer, notre conscience devrait s'écouler sans interruption. Nous ne devrions pas avoir l'idée de devoir méditer à certains moments. La méditation sur le Soi devrait se poursuivre pendant la marche, le travail, les repas, etc. Elle devrait se dérouler naturellement en tout temps et en tout lieu.

Q : Quelle est la différence entre *dhâranâ* et *dhyâna* ?

A.S. : La méditation [*dhyâna*] constante est appelée *dhâranâ*. Dans *Kaivalya Navanîtam*, on demande : « Comment détruire le corps causal dans lequel les *vâsanas* sont conservées en germe ? »

Le Gourou répond : « Je suis la conscience absolue et parfaite. Dans cette conscience parfaite, tous les univers n'existent que comme des apparences. » Si cette méditation [*dhyâna*] se déroule dans votre mental, comment l'ignorance peut-elle survenir ?

Q : S. S. Cohen dit dans un de ses livres que lorsque l'on a l'expérience de la *sphurana*,[33] le Cœur est prêt à se manifester. Cette *sphurana* précède-t-elle ou suit-elle dhâranâ ?

A.S. : La *sphurana* suit *dhâranâ*. La *sphurana* est l'expérience du Cœur quand il commence à se faire connaître au dévot avancé. C'est une expérience temporaire du Soi qui a lieu quand le mental commence à être englouti par le Cœur.

Q : Quiconque suit la voie de l'investigation du Soi finit-il parfaire l'expérience de la *sphurana* ?

---

[33]. L'extrait suivant est tiré de *Day by Day with Bhagavan*, p.4. « J'ai toujours eu un doute sur la signification exacte du mot sphurana. Aussi questionnai-je Bhagavan, et il dit : "...qui brille ou illumine...". Je demandai alors à Bhagavan qu'est-ce qui brille, si c'est l'ego ou le Soi. Il dit que ce n'est ni l'un ni l'autre, mais quelque chose qui est entre les deux, quelque chose qui est une combinaison de « Je » (le Soi) et de la pensée « Je » (l'ego), et que le Soi est exempt même de cette *sphurana*. »

A.S. : Celui qui est capable de maintenir le mental dans le Cœur, la fera.

Q : Les personnes qui suivent d'autres voies expérimentent parfois des états de *samâdhi*. Est-ce qu'elles feront aussi l'expérience de la sphurana ?

A.S. : Si l'on suit sans cesse la voie de *japa* ou du yoga, le mental finit par se fondre dans cette *sphurana*. Au moment de la fusion, l'expérience se produira.

Cette *sphurana* est la lumière ou le rayonnement de « Je suis ». Quand vous êtes sur le point de fusionner avec le « Je » réel, vous sentez ses émanations. Le « Je » réel est le véritable nom et la véritable forme de Dieu. Le premier et le plus juste des noms de Dieu est « Je ». La conscience « Je suis » est le *mantra* originel et primordial.

Q : Donc le *mantra* « Je » est antérieur même au *pranava*, le son Om ?

A.S. : Oui, c'est ce que Bhagavan a affirmé à plusieurs reprises.

Cette conscience, le « Je suis », existe et brille toujours, mais l'ego vous empêche d'en être conscient exactement de la même manière qu'une ombre cache la lune pendant une éclipse. C'est seulement grâce au clair de lune derrière elle que l'on voit l'ombre qui recouvre la lune. Impossible de voir l'ombre de l'éclipse sans la lumière du clair de lune. De même, c'est uniquement grâce à la lumière du Soi que nous sommes conscients du corps, du mental et du monde, même quand ils nous encombrent la vue. C'est à la lumière du Soi que nous voyons tout cela.

Q : Comment ce « Je » unique et indivisible est-il devenu la multiplicité de choses et de gens que nous voyons dans le monde ?

A.S. : Il ne l'est pas devenu. Il demeure toujours unique et indivisible. Votre vision défectueuse et vos perceptions erronées vous donnent l'impression que l'un est devenu multiple. Le Soi n'a jamais subi aucun changement ni aucune transformation, sauf dans votre imagination.

Selon la cosmologie hindoue, à l'origine l'univers se manifeste à partir du *pranava,* qui est le son *Om*.

Quand nous nous identifions avec le corps et le mental, l'un semble devenir multiple. Quand notre énergie est détournée du mental et du monde extérieur vers le Soi, l'illusion de la multiplicité disparaît peu à peu.

Entrez profondément dans ce sentiment du « Je ». Soyez-en conscient si fortement et si intensément qu'aucune autre pensée n'ait la force de s'élever et de vous distraire. Si vous retenez ce sentiment du « Je » assez longtemps et avec assez de force, le faux « Je » disparaîtra et il ne restera que la conscience ininterrompue du vrai « Je », le « Je » immanent, la conscience elle-même.

Q : Cela semble si logique et si simple, mais il est si difficile d'abandonner notre vision défectueuse.

A.S. : Ne vous laissez pas abattre ni décourager par de telles pensées. Continuez de vous demander : « Qui trouve cela difficile ? », « Qui a une vision défectueuse ? » Ne laissez pas des pensées comme celles-là détourner votre attention de la source, le Soi.

Q : C'est justement mon problème. L'énergie accumulée par mon mental, tous ses espoirs, ses peurs, ses désirs, ses inquiétudes, ses attirances et ses répulsions, tout cela est trop pour moi. Le peu d'énergie que je mets périodiquement dans l'investigation n'est jamais suffisant pour arrêter ce mental tournoyant pendant plus d'une ou deux secondes. Il y a trop d'énergie orientée vers l'extérieur dans mon mental : je n'arrive pas du tout à atteindre la source du mental.

A.S. : Une fois que vous commencez à vous stabiliser dans l'état d'unité, les attirances et les répulsions qui vous importunent tellement maintenant disparaîtront d'elles-mêmes. Tout simplement. Quand il n'y a ni attirances ni répulsions, que reste-t-il dans votre mental pour perturber votre paix ?

Ne vous laissez décourager ni par les obstacles ni par le sentiment que vous ne faites pas de progrès. Le mental est à ce point pris au piège de l'illusion qu'il n'est pas à même de déterminer si oui ou non il fait des progrès sur la voie spirituelle.

Poursuivez simplement votre méditation. N'attendez pas de résultats immédiats et ne vous inquiétez pas de leur absence.

Q : J'ai le sentiment d'être un *sâdhaka* inutile. J'ai le sentiment que je n'aurai jamais assez de détachement ou d'énergie pour transcender mes problèmes.

A.S. : Une personne ignorante peut penser qu'elle a beaucoup de problèmes ou de défauts, mais si elle va voir un *jnâni,* le *jnâni* n'en verra aucun. Il verra simplement une personne qui est inconsciente du Soi, inconsciente de la vérité. Il ne la condamnera pas pour cela, il éprouvera simplement de la compassion pour son ignorance.

Quand vous voyez que tout est votre propre Soi, qui pouvez-vous condamner, qui voulez-vous louer ? Pour qui pouvez-vous éprouver de la haine ? Si vous ne voyez pas de défauts ni de fautes, vous demeurez toujours en paix, sachant que tout est votre Soi.

C'est dans la nature du mental de juger certaines choses bonnes et d'autres mauvaises. Si vous renoncez à toutes ces idées de bien et de mal, de bon et de mauvais, vous demeurez en tant que le Soi seul. Les petits bébés et les *jnânis* sont semblables en ce que rien ne leur paraît bon ou mauvais.

Q : Je ressens que j'ai tant de problèmes que seule la grâce du Gourou peut m'aider.

A.S. : C'est une bénédiction de trouver un *jnâni* et d'avoir foi en lui. Si vous mettez du bois près d'un feu, il finira par s'enflammer et devenir un avec le feu. Sans la grâce du Gourou et sa fréquentation, il est très difficile de réaliser le Soi.

Il est difficile de découvrir qui est un vrai Gourou parce que les personnes qui ont réalisé le Soi ont souvent l'apparence et le comportement de gens ordinaires. Ceux qui ne sont pas mûrs spirituellement ne reconnaissent pas leur grandeur spirituelle. Si un grand-père joue avec ses petits-enfants encore bébés, ces derniers croiront que le grand-père n'est qu'un bébé comme eux. Ils ne le verront tel qu'il est que lorsqu'ils auront grandi.

Les bébés commettent de telles erreurs parce qu'ils n'ont pas encore développé assez de facultés critiques pour distinguer les adultes. Il y a beaucoup de « bébés » spirituels dans le monde, qui pensent que les *jnânis* et les Gourous sont des personnes ordinaires comme eux. Quand les « bébés » commencent à grandir spirituellement, il se peut qu'ils acquièrent assez de discernement spirituel pour trouver un vrai Gourou et s'abandonner à lui. Trouver un Gourou est la plus grande bénédiction qui puisse arriver à quelqu'un dans cette vie.

11

Q : Récemment, tandis que je méditais, j'ai senti ma respiration devenir de plus en plus faible. Elle ralentit aussi chaque fois que je reste immobile. Que me faut-il faire, laisser les choses en l'état, ou bien faire l'effort de respirer plus profondément ?

A.S. : Est-ce que vous pratiquez le yoga ou *prânâyâma* ? Ou l'investigation du Soi ? Avez-vous un Gourou ?

Q : J'ai un Gourou, mais elle est actuellement aux États-Unis. Je ne l'ai pas vue depuis trois mois. Je ne pratique pas *prânâyâma*.

A.S. : Pratiquez-vous l'investigation du Soi ?

Q : On l'appelle méditation spontanée.

A.S. : Quelle est la méthode ?

Q : On m'a dit que la meilleure manière de méditer, c'est de simplement s'asseoir et de laisser faire. Swâmî connaît-il Swâmî Muktânanda ? Je suis une adepte de son successeur, Swâmî Chitvilasânanda.

A.S. : Quand la respiration est calme, le mental est calme lui aussi. On peut observer soit la respiration soit le mental, en guise de *sâdhanâ*. Si on le fait correctement, tous les deux commenceront à s'apaiser. Mais une méthode plus efficace consiste à être conscient de celui qui observe la respiration ou le mental. Si nous savons à tout moment qu'est-ce qui est en train d'observer, nous pouvons simplement laisser tout cela tel quel. Si nous nous sentons sûrs dans cette connaissance, il n'y a pas besoin de diriger la méditation d'une quelconque façon. Pourquoi ? Parce que dans cet état, nous savons que rien de ce qui apparaît, change ou se meut, ne peut nous affecter.

On dit qu'il y a quantité de chemins pour atteindre l'ultime et que certains de ces chemins comportent beaucoup de risques. Bhagavan nous a montré le chemin dépourvu de tout risque de *Vâtma vichâra* [investigation du Soi] par lequel nous pouvons facilement nous connaître. Si nous apprenons à nous cramponner au Soi réel par la pratique de l'investigation du Soi, nous pouvons apprendre à vivre heureux dans ce monde malheureux.

Q : Est-ce que ce n'est pas égoïste de simplement s'asseoir comme un bienheureux, tandis qu'il y a tant de souffrance dans le monde ? Ne devons-nous pas aider l'homme qui se meurt sur la route ? Je veux dire, d'évidence, nous devons l'aider. On ne peut pas simplement prétendre que le monde n'est pas là. Dans un sens, il est très réel.

A.S. : Ce n'est pas la fonction de ceux qui se consacrent à une recherche spirituelle que de prendre soin du monde et de changer le cours des choses. Le monde n'est qu'un grand jeu de *mâyâ*. Si vous vous empêtrez dans les activités du monde, vous vous retrouverez pris au piège de *mâyâ*, dans l'impossibilité de vous voir tel que vous êtes et de voir le monde tel qu'il est. Le monde change tout le temps. Parfois les conditions de vie de certaines personnes sont favorables. À d'autres moments, elles ne sont pas bonnes. S'il y a autant de chaos dans le monde, c'est parce qu'il est toujours en état de flux. Mais le témoin de ce monde changeant – c'est-à-dire vous-même – est toujours en paix, jamais troublé. Allez dans cet état de témoin et soyez-y paisible. On ne peut vraiment rien faire pour ce monde.

Q : Pourquoi est-il si nécessaire d'ignorer des gens qui ont de toute évidence besoin d'une certaine aide ?

A.S. : Si l'on s'établit dans le Soi, l'humanité en bénéficie automatiquement. Une personne établie dans le Soi n'est pas indifférente aux problèmes du monde. Si des problèmes surviennent, une telle personne agira spontanément et apportera la bonne solution à chaque problème.

Vous vous cramponnez à beaucoup de convictions : « Je suis un être humain distinct ; le monde est distinct de moi ; les autres sont distincts de moi ; je suis un aspirant qui s'adonne à la méditation pour atteindre le Soi ; d'autres personnes dans le monde souffrent. » Tous ces concepts sont faux. Il n'y a pas de dualité, ni de distinction. En fait, il n'y a pas de misère ni de souffrance en dehors de votre propre mental, parce que le monde entier n'est rien qu'une projection de votre propre mental. Votre propre souffrance et la souffrance que vous voyez autour de vous peuvent facilement être gommées si vous rejetez toutes les fausses idées que vous avez de vous-même.

Toute souffrance commence avec la notion de dualité. Tant que cette conscience duelle est solidement ancrée dans le mental, on ne peut pas vraiment aider autrui. Si l'on réalise sa nature non duelle et que l'on devient intérieurement paisible, on devient un instrument adapté pour aider les autres.

Quand on s'est stabilisé dans le Soi, la paix intérieure que l'on expérimente tout le temps s'écoule vers tout le monde. Ce rayonnement naturel guérit et élève l'humanité bien plus que n'importe quelle quantité d'activité physique.

Le *jnâni* est exactement comme le soleil. Le soleil émet lumière et chaleur continuellement et sans discrimination. La nature du *jnâni* est amour, paix et joie : sans effort il rayonne d'amour, de paix et de joie, et l'univers entier en bénéficie.

Bien que le soleil soit toujours présent, si nous voulons recevoir ses rayons, nous devons nous tourner vers lui. De même, si nous voulons la lumière spirituelle, nous devons nous tourner vers un être réalisé. Si l'on fait un effort conscient pour demeurer dans la lumière d'un *jnâni*, l'obscurité de l'ignorance spirituelle disparaît automatiquement.

Q : Quelle est la raison des expériences spirituelles que certains dévots semblent avoir ? Ont-elles pour but de nous aider sur le chemin, ou de nous donner confiance ? Ces expériences de lumière intérieure, de sons intérieurs, etc., en avons-nous besoin, ou arrivent-elles tout simplement parce qu'elles sont naturelles ? Pourquoi certaines personnes ont-elles ces expériences et d'autres non ?

A.S. : Les expériences qui surviennent pendant la méditation sont le résultat de nos pratiques antérieures. Il n'est pas nécessaire d'avoir de telles expériences.

« Qui est celui qui a toutes ces expériences ? » Ce devrait être l'unique objet de notre attention. Les expériences vont et viennent, mais le témoin de toutes les expériences demeure toujours inchangé. C'est là que devrait fermement se fixer notre attention.

Nous devrions voir celui qui voit toutes les expériences. Sou venez-vous :

tout ce qui vous arrive ne peut être perçu que par le mental. Souvenez-vous aussi que les perceptions du mental ne sont pas réelles parce que celui qui perçoit n'est lui-même pas réel. Si nous recherchons toujours : « À qui cette expérience arrive-t-elle ? » le faux percevant et le faux expérimentateur seront anéantis tous les deux.

Le saint Subramania Bharati a écrit un jour : « Si l'on en vient à voir avec clarté que le monde n'est qu'une projection du mental, on transcende toute souffrance. »

Dans un autre de ses poèmes, il se moque du mental et de *mâyti* :

Il y a ceux qui ont réalisé la vérité ; ils ne te [le mental] considèrent pas comme substantiel. Ceux qui demeurent fermement dans le Soi – à eux tu ne peux rien leur faire. Si nous réalisons la réalité non duelle, là, tu n'auras pas la paix ; tu devras t'enfuir. Quand les dualités du mental sont résolues, où es-tu ? Ces gens courageux qui en viennent à la profonde conviction et à la compréhension que le corps est irréel, qu'est-ce que tu peux leur faire ? Pour ceux qui sont prêts à mourir, pour eux la mort de ceci [le mental] n'est rien.

Q : Ne faisait-il pas de la politique ? Je ne savais pas qu'il s'intéressait aux questions spirituelles.

A.S. : Oui, il faisait de la politique, mais c'était aussi un poète et un philosophe. Il est venu voir Bhagavan une fois, à la grotte de Virupaksha.

Q : Je n'ai pas lu de récit de leur rencontre. Est-ce qu'ils ont parlé ?

A.S. : Non, il est seulement venu et a eu le *darshan*. Dans un autre chant, écrit pendant qu'il était à Pondichéry, il dit : « Il n'y a pas de souffrance, pas de souffrance, pas de souffrance. Regardez, tout est Dieu ; pas de souffrance. »

12

Q : Ici à Arunâchala, cela paraît relativement facile d'avoir du discernement spirituel. À Paris, au milieu de nos activités quotidiennes et de si nombreuses influences extérieures, c'est beaucoup plus difficile.

A.S. : Des pensées telles que « Arunâchala est différent de Paris », « Je travaille à Paris », sont des concepts qui ne se présentent qu'une fois que nous nous identifions avec le corps et le prenons pour « Je ». Accepter de telles idées, c'est se créer un handicap.

Q : Par notre pratique, nous avons l'impression de nous approcher de la réalité, mais nous avons aussi l'impression qu'il nous reste un long chemin à parcourir.

A.S. : Vous ne pouvez pas vous approcher de la réalité ni être à quelque distance que ce soit d'elle. Le Soi n'est jamais éloigné de vous parce que vous êtes déjà ce Soi.

Pour vous débarrasser de toutes vos fausses idées, vous devez cultiver la ferme conviction qu'il en est ainsi. « Je suis le Soi ; je suis tout ; tout est le Soi. » Ce *mantra* est l'outil le plus efficace et le plus puissant pour cela. Si vous le répétez tout le temps, toute l'énergie vous viendra, parce que vous êtes vraiment la conscience qui est en tout et partout.

Q : Supposez que l'on donne ce *mantra* à un magnétophone. Il peut le répéter sans fin, mais il ne deviendra pas un magnétophone qui est en tout et partout. Répéter est-il suffisant ?

A.S. : Si vous répétez quelque chose constamment, en ayant assez de foi pour croire que ce que vous dites est vrai, votre mental finira par devenir ce que vous répétez. Si vous répétez la vérité que vous êtes le Soi, et croyez que ce que vous dites est vrai, vous finirez par devenir la vérité, le Soi.

Q : Je comprends que répéter cette phrase soit bénéfique quand le mental est actif et se meut à l'extérieur. Mais faut-il aussi la répéter quand nous expérimentons le silence intérieur ?

A.S. : Si l'on est constamment stabilisé dans le silence, c'est la réalité. Mais si cette stabilisation n'est que temporaire, est-ce suffisant ?

Q : Les *mantras* peuvent amener quelqu'un à un état de silence intérieur. Une fois qu'ils ont joué ce rôle, pourquoi devrions-nous continuer à les répéter ?

A.S. : Il y a différentes sortes de silence. Si le mental s'arrête dans un silence semblable au sommeil profond, vous devriez savoir que ce n'est pas le silence ultime. Si vous demeurez dans cet état sans poursuivre votre méditation, vous n'en retirerez aucun profit. Quand cet état vient, il vaut mieux poursuivre votre méditation sur le Soi.

Q : Comment peut-on savoir que l'on expérimente ce silence semblable au sommeil profond au lieu du véritable silence ?

A.S. : Si, après être sorti du silence, on prend immédiatement le corps pour « Je », c'est que l'on n'a pas expérimenté le véritable silence. Quand on est à la recherche du silence intérieur, on ne devrait pas entrer en *laya* [suspension temporaire de toutes les facultés mentales].

Par exemple, un homme fait un certain travail ; puis il se sent fatigué et prend du repos ; ensuite il reprend le travail. Le silence ne devrait pas être de ce type. C'est-à-dire que si le mental ne fait que se reposer un moment, vous ne ferez pas l'expérience du silence réel. Une totale absence de pensées ne signifie pas nécessairement que l'on expérimente le silence du Soi.

S'il y a une sensation de fraîcheur et de clarté dans le silence, si notre conscience brille de telle manière que l'on se sent joyeux et complètement paisible, cela est plus susceptible d'être le silence réel. Si cette conscience, cette vigilance, n'est pas là, il vaut mieux poursuivre *japa* et *dhyâna*.

Laissez-moi vous donner un autre exemple : un homme médite dans le vieux Hall de Bhagavan. Il y reste assis une heure. Ensuite il se dit : « Je suis resté une heure assis en méditation. » Ceci n'est pas *nishthâ* [être établi dans le Soi] parce que le « Je » était là, pensant : « Je suis assis ; je médite. » Si vous avez une quelconque conscience d'être assis ou de méditer, vous ne faites pas l'expérience du Soi, vous faites l'expérience de l'ego.

Q : Quand on ne sent pas l'unité ou l'unicité, cela signifie-t-il que l'on n'a pas atteint l'état ultime ?

A.S. : Dans la réalité, il n'y a pas d'intervalle entre les moments de méditation. La méditation est toujours constante.

Q : La méditation dont vous parlez consiste-t-elle en une répétition mentale ? Est-ce une formulation de mots tels que : « Je suis le Soi ; je suis conscience », ou bien s'agit-il d'une espèce de conscience du Soi qui est présente sans mots ni concepts ?

A.S. : Si l'on répète un *mantra* à haute voix, c'est *japa*. Si on le répète mentalement, on peut l'appeler méditation. Si l'on est établi dans la conscience de la conscience immanente, c'est *nishthâ* [être établi dans le Soi].

Q : Donc si l'on peut demeurer en nishthâ, japa et méditation ne sont pas nécessaires.

A.S. : En méditation, vous n'oubliez jamais le Soi. Être consciemment conscient du Soi sans y penser d'une quelconque manière est *nishthâ*. Pourquoi répéter : « Je suis Sundaram ; je suis Sundaram », si vous avez déjà le sentiment d'être Sundaram ?

Dans cet état ultime, on ne pense pas au Soi, et on ne l'oublie pas. On est. Sans plus. Si vous avez cette expérience, des doutes tels que « Dois-je continuer à méditer ? » ne surviendront pas. Dans cet état ultime, de telles pensées ne peuvent pas survenir. Aussi, si dans votre méditation, vous arrivez en un lieu paisible ou silencieux et que survient la pensée « Dois-je reposer dans le silence ou poursuivre ma méditation ? » vous devriez poursuivre votre méditation parce que cette pensée à elle seule montre que vous ne vous êtes pas établi dans le Soi.

Il n'est pas bon de trop penser à votre pratique de la méditation. Méditez et continuez de le faire jusqu'à ce que vous ayez la ferme conviction que rien de ce qui apparaît dans le mental n'a quoi que ce soit à faire avec le « vous » réel. Si vous prêtez attention aux pensées et aux sentiments pendant que vous méditez et que vous essayez de les utiliser pour évaluer votre méditation en bien ou en mal, vous n'atteindrez jamais l'ultime silence. Au lieu de cela, vous ne ferez que vous embourber dans des concepts mentaux.

Certaines personnes distraient leur mental de tant de manières différentes : par exemple en essayant de faire des distinctions entre des choses telles que *turîya* [le quatrième état, au-delà des états de veille, sommeil avec rêves, et sommeil profond] et *turîyâtîta* [ce qui est au-delà du quatrième]. La Réalité est très simple : au lieu d'essayer de l'expliquer et de l'étiqueter, soyez-la tout simplement en renonçant à toute identification avec le corps et le mental. C'est l'ultime *jnâna*. Si vous suivez cette voie, vous n'avez pas besoin de vous impliquer dans des complexités mentales ou philosophiques.

Les gens pratiquent toutes sortes de *sâdhanâs* pour atteindre le Soi. Certaines de ces méthodes font obstacle à *jnâna*. La méditation peut être une nouvelle forme d'asservissement si elle part de l'idée que le corps et le mental sont réels. Si on n'abandonne pas cette idée, la méditation ne fera que la renforcer.

Réaliser le Soi et ne jamais oublier le Soi : voilà le véritable *jnâna*.

Q : C'est la difficulté : rester stable dans le Soi.

A.S. : Qui éprouve de la difficulté ? Ne vous complaisez pas dans de telles pensées. Cherchez qui les a.

Le saint Tâyumânavar a dit un jour : « Pourquoi tous ces *mahâ yogas* ? »

Vous êtes déjà le Soi. Pourquoi ne pas rester établi dans votre propre nature réelle, sans l'oublier ou cesser d'en être conscient ? N'accordez pas d'intérêt à tous ces *mahâ yogas*.

13

Q : Est-ce que le *jnâni* émet un genre d'énergie qui attire les dévots, ou bien cela fait-il tout simplement partie de sa destinée, que les dévots finissent par le trouver et devenir ses disciples ?

A.S. : Un aimant a le pouvoir d'attirer le fer. Ce mont Arunâchala attire à lui les aspirants, comme un aimant attire à lui la limaille de fer, et les pousse à faire à pied la route qui le contourne. Il ne dit pas : « Venez faire *pradakshina*. » Il n'a pas besoin de le faire. Son pouvoir attire automatiquement les gens qui veulent faire *pradakshina*.

Quelqu'un qui est réalisé, qui est établi dans le Soi, devient comme un aimant. Il attire à lui les aspirants.

Le saint Tâyumânavar explique dans un de ses versets que quand une fleur éclot, elle exhale un parfum qui incite les abeilles à venir recueillir son miel. Mais il ajoute que si la fleur n'éclot pas, il n'y aura pas de parfum, ni de miel, ni d'abeilles.

Bhagavan a parlé de ce pouvoir dans *Aksharâmanamâlai* « Tout comme un aimant attire le fer, Ô Arunâchala, tu m'as attiré et fait un avec toi. »

[Parlant à de nouveaux arrivants] Avez-vous lu les livres de Bhagavan ? Avez-vous des doutes au sujet de son enseignement ?

Q : Nous avons lu certains des livres sur Bhagavan qui ont été traduits en français. Nous n'avons pas de doutes à propos du message qu'ils contiennent.

A.S. : Si l'on s'établit fermement dans le Soi et que l'on atteint la réalisation ultime, tous les doutes s'évaporeront, mais pas avant. Jusqu'alors, les doutes reviendront sans cesse.

Si le faux « Je » – c'est-à-dire l'idée « Je suis le corps » – ne nous vient pas du tout, nous pouvons en conclure que nous avons réalisé le Soi.

Q : Est-il possible pour des gens ordinaires comme nous de réaliser ce qui est au-delà de tout ?

A.S. : Dans la mesure où le mental s'est purifié, on réalise ce qui est au-delà de lui. Si l'on est tout à fait limité, identifié avec cette idée « Je suis le corps », on est très loin de la réalisation du Soi.

Q : Quelle est la relation entre le mental qui doit être purifié et cette conscience dans laquelle il finit par disparaître ?

A.S. : On peut dire que le mental est exactement comme un atome de l'infini. Quand nous nous identifions avec le corps et le mental, nous pensons que nous sommes limités. Cette identification avec le mental cache le Soi. Si nous renonçons à cette identification et demeurons en tant que pure conscience, le mental s'immerge dans la conscience. On sait alors que le mental n'est pas une entité distincte. Il s'élève dans la conscience, qui est le Soi, et disparaît à nouveau dans la conscience, sans jamais s'en distinguer ni s'en séparer.

Tâyumânavar a dit :

> Le mental est comme un atome. Il n'y a personne qui puisse égaler celui qui a atteint l'état dans lequel le mental s'est dissous dans sa source, parce que dans cet état il n'y a pas d'autre.

Il n'y a rien de mystérieux au sujet du Soi, car personne ne peut nier sa propre existence. La pure conscience est toujours présente et on en fait toujours l'expérience. Personne ne peut nier l'existence de ce « Je suis » ni sa continuité dans tous les états. L'état de veille peut survenir ; l'état de rêve peut apparaître et disparaître ; la mort peut frapper le corps. Toutes ces choses peuvent aller et venir, mais le « Je suis » demeure toujours constant. Tous ces états changeants – la naissance, la mort, la veille, le sommeil, le rêve – se déroulent tout simplement au sein de la conscience. Mais tandis que ces changements ont lieu, la pure conscience demeure toujours, immuable et invariable. Aussi, cramponnez-vous à cela et à cela seulement.

« Je suis qui je suis » [Exode, 3, 14] : Bhagavan citait souvent cet enseignement de la Bible et disait qu'il résumait le *Vedânta* tout entier. À la question : « Qu'est-ce que Dieu ? » on peut très honnêtement répondre : « L'expérience de ce "Je suis" est Dieu. » Nous avons tous ce « Je suis », ce sentiment fondamental d'exister. Cette conscience est l'ultime et unique réalité.

Q : Il y a une autre affirmation de la Bible qui est très populaire parmi les chrétiens : « Nul ne vient au Père si ce n'est par moi. » Comment Swâmî comprend-il cette affirmation de Jésus ?

A.S. : Quand Jésus a dit : « Par moi », il parlait du Soi, et non du corps, mais les gens ont mal compris cela.

À une autre occasion, Jésus a dit : « Le Royaume des Cieux est au-dedans de vous. » Il ne voulait pas dire qu'il est dans le corps. Ce « vous » dont Jésus parlait est le Soi, la conscience infinie.

Bien qu'un sage qui s'est stabilisé dans le Soi puisse utiliser le mot « moi », nous ne devrions pas commettre l'erreur de penser qu'il est le corps. Le *jnâni* est devenu un avec l'infini, la conscience pure : quand il dit « moi », il ne parle pas du corps, la forme, mais de la conscience une. Dans la conscience immanente, absolue, unique et sans forme, où est Jésus ? Où sont les autres *jnânis* ? Tout est un dans la conscience : il est impossible d'y percevoir des différences entre des personnes.

Celui qui réalise l'état au-delà du mental exprime la vérité à sa manière. Ceux qui cherchent à comprendre cette vérité essayent toujours de comprendre le message par l'intermédiaire trompeur des mots. Avec leur mental, ils interprètent et comprennent mal ce que le maître essaye vraiment de dire.

Beaucoup de chrétiens considèrent que cette phrase : « Nul ne vient au Père si ce n'est par moi », signifie « par la seule forme de Jésus-Christ ». À cause de cette interprétation, ils condamnent tous les autres concepts de Dieu et toutes les autres religions.

En essence, toutes les religions sont une. Bhagavan m'a dit un jour : « Si l'ego est détruit par l'investigation du Soi correctement menée, et si la conscience non duelle est réalisée, cela seul est la vérité. Alors, dans cette conscience non duelle, où sont les différentes religions ? Et où sont tous les différents maîtres religieux ? Tout est un dans cet état. »

Q : Swâmî considère-t-il que Jésus un *jnâni* comme tant d'autres jnânis, ou bien était-il quelque chose de plus que cela ?

A.S. : Si l'ego est détruit, seule la conscience non duelle demeure. Il n'y a ni supérieur ni inférieur dans cet état.

On ne peut pas dire qu'un *jnâni* est dans un état différent de celui d'un autre *jnâni*. On ne peut pas dire que Jésus-Christ est meilleur que Bhagavan ou vice versa. Il n'y a pas d'état plus élevé que celui de *jnâni* et il n'y a pas de *jnâni* qui soit supérieur à un autre *jnâni*.

Bien que l'état intérieur et l'expérience de tous les *jnânis* soient les mêmes, leurs activités extérieures diffèrent, parce que chacun d'eux a une destinée différente à accomplir. Certains deviennent des instructeurs ; d'autres non.

S'il y a de l'eau dans un verre, elle étanchera la soif d'un homme ; s'il y a de l'eau dans un grand pot, elle peut étancher la soif de trente à quarante personnes ; s'il y a de l'eau dans un puits, elle peut étancher la soif de tous les habitants d'un village ou d'une ville. Certains aspirants spirituels n'ont fait du *tapas* que pour leur propre réalisation. Après leur réalisation, ils peuvent être en mesure d'aider quelques personnes. Mais d'autres *jnânis* ont fait un *tapas* prolongé non seulement pour leur propre réalisation, mais aussi pour aider les autres à se libérer. Les *jnânis* qui ont fait ce genre de *tapas* deviennent des maîtres de renom et ont beaucoup de disciples.

14

A.S. : Par la grâce de Bhagavan, je n'ai pas eu beaucoup de contact avec les gens de ce monde. Quand des gens viennent me voir, ils s'assoient et écoutent ce que j'ai à dire. S'ils sont intéressés par Bhagavan et ses enseignements, il se peut qu'ils restent un moment. S'ils ne le sont pas, ils s'en vont. Peu de gens viennent ici. Quelques visiteurs réguliers et peut-être une ou deux nouvelles personnes chaque semaine. Et quand ils viennent, nous parlons de Bhagavan et de ses enseignements, et non de ce qui se passe dans le monde. Pendant plus de quarante ans, je n'ai pas cherché à savoir ce qui se passait dans le monde. Je ne sais même pas ce qui se passe à Tiruvannamalai.

Q : N'avez-vous jamais quitté Palakottu pendant tout ce temps ?

A.S. : Quand Bhagavan était encore en vie, j'allais au sommet de la colline et me rendais souvent à Skandashram. Pendant les années 30, j'allais très souvent faire *giri pradakshina*, mais je revenais via Pachaiamman

Koil et Skandashram de manière à éviter la traversée de la ville. Je ne suis même pas allé au grand temple en ville. Ces dernières années, je me suis limité à Palakottu et à des promenades occasionnelles sur la montagne.

Je suis venu à Shrî Râmanasramam pour la première fois en 1928. Pendant toutes les années qui se sont écoulées depuis, je n'ai quitté Tiruvannamalai que deux fois : une fois quand je me suis enfui pour Polur pendant le premier mois de mon séjour ici, et une autre fois, une journée, quand je suis allé dans une autre ville commander la chaux dont nous avions besoin pour la construction de la salle à manger. C'était il y a plus de cinquante ans. Je n'ai plus jamais quitté Tiruvannamalai, fût-ce un seul jour, depuis plus de cinquante ans.

Q : Vous avez eu de la chance. Vous avez pu faire votre *sâdhanâ* dans un lieu paisible, avec un grand Gourou. Mon *prârabdha* n'est pas le même. Je dois vivre et travailler dans une grande ville en Occident. Est-il possible de faire une sâdhanâ convenable dans une ville ?

A.S. : Je n'ai jamais fait de *sâdhanâ* dans une ville et n'en ai jamais visité, aussi ne puis-je pas vous donner un avis d'expert à ce sujet. Les gens me disent qu'il y a beaucoup de bruit dans les villes, que l'air y est très pollué et que les vibrations spirituelles y sont très mauvaises. Si vous avez le choix, il vaut mieux faire votre *sâdhanâ* près d'un Gourou ou dans un lieu sacré où les vibrations sont bonnes. Si cela n'est pas possible, un endroit à la campagne sera préférable à un endroit en ville.

Où que vous viviez, essayez d'éviter la fréquentation de personnes trop préoccupées par le monde, c'est-à-dire de personnes qui ne font pas de *sâdhanâ*. Essayez de trouver quelqu'un qui est établi dans le Soi et de passer du temps en sa compagnie. Si vous ne pouvez pas avoir le *satsang* du Soi sans forme, ceci est la deuxième meilleure chose. Si vous êtes sincère, Bhagavan arrangera toutes les circonstances de votre vie de manière favorable. Il vous mettra à l'endroit où vous pourrez faire le plus de progrès.

Q : Swâmî, je dois bientôt retourner en Europe et la perspective commence à m'inquiéter. Je ne me sens pas capable de garder la conscience du Soi au milieu d'une ville. Ici, c'est relativement facile. Là-bas, c'est très, très difficile.

A.S. : Avec un peu de pratique, vous pouvez dormir au milieu d'une foule, même si elle est très bruyante. Une fois que vous vous êtes endormi, discours et bavardage ne vous touchent plus. Si vous devez vivre dans un environnement bruyant et distrayant, vous devez apprendre l'art de dormir tout en étant éveillé. Vous devez apprendre à rester conscient tout le temps, tout en ignorant les bruits alentour et tout ce qui est susceptible de déranger. Bhagavan appelait parfois l'expérience du Soi le « sommeil éveillé ». Si vous apprenez cette technique, plus jamais rien ne vous dérangera.

Q : Ici nous pouvons bénéficier de satsang. C'est très agréable et plaisant. Quand nous partirons d'ici, comment avoir semblable *satsang* ?

A.S. : Si ce n'est pas votre destinée de rester avec un *jnâni*, vous pouvez toujours essayer d'établir le contact avec le Soi sans forme. C'est le véritable *satsang*. Vous dites que c'est votre *prârabdha* de vivre dans une grande ville. Le *prârabdha* ne concerne que les activités du corps. Aucun *prârabdha* ne peut vous empêcher de vous tourner vers l'intérieur et de diriger votre attention sur le Soi. C'est une liberté que chaque être humain a, indépendamment de son *prârabdha*. Si votre *prârabdha* ne vous offre pas le *satsang* avec un *jnâni*, allez directement à la source et ayez le *satsang* du Soi non manifesté. Il est beaucoup plus difficile d'avoir ce *satsang* et de le faire durer, mais si vous n'avez pas d'autre alternative, vous devez essayer.

Les petits enfants vivent dans les villes et ne sont affectés ni par leur atmosphère ni par les gens qui y vivent. Si vous menez une vie pure et faites l'effort juste, vous pouvez aussi atteindre l'état dans lequel le monde ne peut pas vous affecter.

Q : Ce sera très difficile. J'appellerai très souvent au secours.

A.S. : Si vous avez le désir d'avoir *satsang*, ou le désir d'être toujours en train de méditer sur le Soi, ces choses arriveront. Si votre désir est assez ardent, le pouvoir du Soi arrangera tout pour vous. Il vous enverra un Gourou, ou *satsang*, ou tout autre chose dont vous pourriez avoir besoin. Si vous pratiquez sérieusement la méditation sur le Soi, tout ce dont vous aurez besoin viendra automatiquement à vous.

Q : J'ai le sentiment d'avoir fait des progrès pendant mon séjour en Inde. Je commence à remarquer que mon attitude intérieure envers le monde change. Je pense que je commence à mettre de la distance entre le monde et moi.

A.S. : Vous devriez avoir l'attitude : « Il n'y a pas d'extérieur ni d'intérieur. Tout est le Soi. » Il n'y a pas la moindre différence dans le Soi.

Bhagavan a dit un jour : « Si vous renoncez à toutes les idées de différences, cela seul sera suffisant. »

Q : Alors, nous devrions être dans le monde sans nous laisser affecter d'une quelconque façon. Nous ne devrions pas considérer les autres comme différents de nous et nous ne devrions pas les considérer comme bons ou mauvais.

A.S. : Juste. Si un bateau flotte à la surface de l'océan, cela signifie que l'eau de la mer ne pénètre pas la coque, sauf peut-être en très petite quantité. Si beaucoup d'eau s'infiltre, le bateau finira par couler. Si c'est votre destinée de vivre dans le monde et d'être en contact avec beaucoup de gens, essayez de flotter parmi eux et ne laissez aucune de leurs pensées mondaines s'infiltrer en vous. Quand vous êtes plongé dans la vie, vous pouvez éviter la contamination provenant de la vie séculière en maintenant votre attention sur le Soi. Quand vous vous identifiez avec le mental, tout dans le monde est une source potentielle de contamination. Mais quand vous vous identifiez avec le Soi, tout devient pur parce que vous ne percevez toute chose que comme une apparence dans le Soi.

Q : Vous dites parfois que l'on devrait éviter les mauvaises compagnies. Ce n'est pas toujours possible. Si on travaille, on doit se mêler à toutes sortes de gens. On ne peut pas toujours les éviter.

A.S. : Dans de telles situations, on devrait adopter l'attitude de quelqu'un qui joue dans un drame. Extérieurement, on devrait accomplir toutes les actions nécessaires, mais intérieurement on devrait toujours être conscient du centre, la conscience qui se fait connaître à nous en tant que le sentiment « Je suis ».

Je dis : « Évitez les mauvaises compagnies », mais en fin de compte, les mauvaises compagnies font partie du mental. Il n'y a pas de mauvaise compagnie dans le Soi. Pendant que vous essayez de vous libérer du mental, cela vous sera d'un grand secours d'éviter les mauvaises compagnies. Chaque fois que cela ne sera pas possible, faites un effort supplémentaire pour vous retirer dans le Soi. Si vous pouvez vous y établir, les tendances mentales des autres personnes ne pourront pas vous affecter. Si vous devez vous mêler à des personnes étrangères à la spiritualité, ne les jugez pas. Ne pensez pas : « C'est une mauvaise personne », ou « Je n'aime pas cette personne ». Moins vous vous identifiez avec le mental quand vous êtes près de telles personnes, mieux vous vous en trouvez.

Q : Je suis sûr que je succomberai à *mâyâ* aussitôt que je serai à la maison. Je ne me sens pas très optimiste quant à mon avenir spirituel.

A.S. : S'il n'y a pas de mental, il n'y a pas de monde, pas de *mâyâ* et rien d'autre que vous-même. *Mâyâ* est l'ego, l'ego est le mental, et le mental est tout ce à quoi vous pouvez penser ou que vous pouvez percevoir. Pour échapper au mental, à cet ego, à cette *mâyâ*, vous devez cesser de vous empêtrer dans les pensées. Soyez comme l'axe d'une roue. Laissez tourner la roue autour de vous, mais vous, ne bougez pas. L'axe reste sans mouvement, même si la roue tourne très vite. Si vous vous établissez dans la parfaite tranquillité du Soi, vous en venez à comprendre que c'est le mouvement du mental qui produit *mâyâ*. Quand vous demeurez en tant que le Soi, parfaitement tranquille, aucune *mâyâ* n'est créée.

Un autre exemple : soyez comme un grand arbre. Quand le vent se lève, les branches et les feuilles sont secouées, mais le tronc demeure immobile. Si vous vivez dans le mental, vous êtes tout le temps secoué comme les branches et les brindilles par grand vent. Moins vous vous identifiez avec le mental, moins il y a de mouvement. Quand vous vous percevez vous-même en tant que conscience seule, sans trace de mental, il n'y a pas du tout de mouvement, mais seulement paix ininterrompue et tranquillité absolue.

Q : Swâmî, vous dites souvent que nous devrions éviter les mauvaises actions. Qu'est-ce que vous entendez au juste par une « mauvaise action » ?

A.S. : D'une manière générale, tout ce qui cause du tort aux autres êtres est une mauvaise action. Mais on peut aussi dire que toute action qui détourne notre attention du Soi est une mauvaise action. L'identification avec le corps est la première mauvaise action parce c'est la source de toutes les autres mauvaises actions.

15

Q : Bhagavan a dit : « Soyez toujours conscients de la présence du Soi. » Cette présence est-elle le sentiment « Je suis », qui en ce qui me concerne est maintenant mélangé au « Je » personnel, ou bien est-ce le « Je » réel ?

A.S. : Bhagavan parle de ce « Je suis » comme de quelque chose qui est présent ici et maintenant. Cela n'a rien à voir avec le « Je » personnel. Dans ce « Je suis », il n'y a ni passé ni futur. Dans *Kaivalya Navanîtam*, il est dit :

> Le *jîvanmukta* qui est établi dans ce « Je suis » ne s'inquiète pas du passé qui est révolu ni du futur qui est incertain. Il goûte l'instant présent, prenant simplement plaisir à tout ce qui vient à lui. Même si le soleil est transformé en lune ou si un corps mort emmené au lieu de crémation revient à la vie, il ne considère pas ces choses comme miraculeuses.

Le « Je » personnel porte des jugements sur bien et mal, bon et mauvais. Il est constamment pris au piège des dualités. Le *jîvanmukta*, qui n'est conscient de lui-même qu'en tant que « Je suis » a transcendé toute dualité. Il ne voit ni bien ni mal. Il demeure comme le témoin de tous les événements sans les juger et sans s'identifier à eux d'une quelconque façon.

Q : Quand je maintiens mon attention sur ce sentiment « Je suis », dois-je être détendu et tranquille ? Dois-je voir ce qui se passe sans intervenir, ou bien dois-je observer, scruter, comparer, etc. ?

A.S. : Si vous pouvez simplement vous détendre dans ce « Je suis », cela suffit. Quoi qu'il arrive dans ce « Je suis », cette conscience, soyez-y purement et simplement indifférent. Vous êtes la conscience elle-même, non les pensées et les idées qui apparaissent en elle. Beaucoup de choses, des bonnes et des mauvaises, se passent en ce monde. Nous ne nous inquiétons pas beaucoup de la plupart d'entre elles parce que nous pensons : « Ces choses arrivent à quelqu'un d'autre et non à moi. » De même, soyez la conscience « Je suis » et soyez indifférent aux différentes choses qui vont et viennent dans votre mental. Si vous vous identifiez avec les pensées, si vous les jugez, si vous les comparez, si vous vous en préoccupez, si vous essayez de les réprimer, ou si vous vous y attachez d'une quelconque façon, elles vous créeront des ennuis. Au lieu de cela, soyez complètement indifférent à elles. Si vous ne leur accordez pas d'attention, elles ne pourront jamais vous affecter.

Q : J'ai souvent entendu Swâmî dire que sattva guna est une avec le Soi. Mais beaucoup de saints et d'Écritures disent qu'une fois qu'on est établi en *sattva guna*, même cela devrait être rejeté parce que ce n'est pas l'état ultime.

A.S. : Un verset de *Kaivalya Navanîtam* dit : « *Sattva* pure est la réalité. Si vous cessez de vous identifier avec *rajoguna* et *tamoguna*, le monde et le mental disparaîtront tous les deux. »

On peut dire que le *jnâni* est *shuddha sattva* [pur *sattva*]. Ce n'est qu'un autre terme pour le Soi.

Q : Si le *jnâni* est établi en *sattva guna* et si *sattva guna* est le Soi, quelle est la signification du terme *trigunâtîta* [au-delà des trois *gunas*] ?

A.S. : Rien n'est réellement distinct de vous. Même les choses auxquelles le Gourou vous dit de renoncer – telles que les trois *gunas* et *mâyâ* – font en fin de compte partie de vous. Tout cela est une question de point de vue. Si vous ne pouvez pas vous tenir en retrait des trois *gunas* et observer leur interaction en restant à distance, elles s'empareront de vous et vous créeront des ennuis. Si vous plongez profondément dans le Soi et vous y établissez, elles ne vous affecteront pas. Les profondeurs de l'océan ne sont pas affectées par les vagues de la surface, si violentes qu'elles puissent être. L'eau des vagues est la même que l'eau des profondeurs, mais si vous restez à la surface, vous serez constamment ballotté par les vagues.

Les vagues ne sont qu'une infime partie de l'océan ; elles sont sa forme extérieure. De même, les noms, les formes et les *gunas* sont d'infimes rides à la surface du vaste océan sans limites de la conscience sans forme. Ce sont toutes des manifestations de la conscience une, et elles en sont inséparables. Si vous voulez échapper aux turbulences de la surface, vous pouvez plonger dans la conscience sans forme et y demeurer. Si vous pouvez apprendre à y rester, vous percevrez les noms, les formes et les *gunas* depuis une grande distance sans qu'ils ne vous dérangent ni ne vous affectent. Depuis les profondeurs tranquilles du Soi, vous ne verrez pas les noms et les formes comme des choses séparées, vous les percevrez comme faisant partie de votre Soi. Vous les reconnaîtrez comme des rides lointaines dans votre « êtreté ».

Si vous pouvez vous établir dans les profondeurs immuables du Soi sans forme, vous êtes *trigunâtîta*, au-delà des trois *gunas*, bien que les *gunas* fassent partie intégrante de la conscience qui est votre nature réelle.

La conscience est à la fois avec forme et sans forme. On peut dire la même chose de Dieu et du *jnâni*. La conscience contient en elle-même tous les noms, toutes les formes et toutes les *gunas*, mais le *jnâni*, qui a découvert que sa nature réelle est pure conscience, a transcendé tout cela.

Q : À nos yeux, le *jnâni* semble avoir une forme. Est-ce que les *gunas* affectent le fonctionnement de cette forme ?

A.S. : Le *jnâni* ne se considère pas comme ayant une forme, il se considère seulement comme le Soi. Si nous limitons Bhagavan à une forme, c'est de notre faute, pas de la sienne. La forme que nous considérons par erreur comme étant Bhagavan peut sembler être gouvernée par les *gunas*, mais du point de vue de Bhagavan, il n'y a pas de forme du tout, il n'y a que le Soi. Tant que nous nous identifions nous-mêmes et que nous identifions Bhagavan avec des formes particulières, nous ne pouvons pas avoir conscience de lui tel qu'il est réellement.

Bhagavan m'a dit un jour : « Toutes les formes sont Dieu et toutes les activités sont Siennes. » Cela ne signifie pas que chaque forme séparée est une manifestation de Dieu, parce que dans le Soi il n'y a rien de tel que la notion de séparation. Tous les gens, toutes les choses, et les *gunas* qui font qu'elles paraissent réagir les unes sur les autres, ne sont que d'inséparables apparences dans le Soi indivisible et non manifesté.

Q : Swâmî, est-il bon d'entreprendre des jeûnes ?

A.S. : Un jour j'ai demandé à Bhagavan quelle nourriture devrait prendre un *sâdhaka*.

Il a répondu : « Si vous mettez trop de nourriture dans votre estomac, votre énergie et votre capacité de rester conscient de la conscience vont diminuer. Mais si la quantité de nourriture dans votre estomac est moindre, votre conscience sera vive. »

Il n'est pas nécessaire de garder l'estomac complètement vide. Si vous voulez bien méditer, le mieux est de prendre de petites quantités de nourriture sattvique.

Il y a un canal dans la moelle épinière pas plus épais qu'un fil. La lumière monte par ce canal et traverse le *sushumnâ* [un canal dans le corps subtil]. Si vous mettez trop de nourriture dans l'estomac, cette lumière est recouverte.

Q : Swâmî a observé mauna [silence] pendant au moins un an dans les années 1940. En ce temps-là, ce devait être très paisible et tranquille ici. Aujourd'hui, l'endroit est rempli du bruit des haut-parleurs, des bus, des camions, des radios, etc. Je sens que j'aimerais aussi observer *mauna* pendant quelque temps. Mais cela a-t-il un sens d'observer le silence quand il y a tant de bruit alentour ?

A.S. : *Mauna* signifie le silence intérieur, et non le silence extérieur. S'il y a beaucoup de bruit et de perturbations à l'extérieur, nous devrions les considérer comme des manifestations de Dieu. Si nous adoptons l'attitude de les considérer comme dérangeantes, nous opposons une résistance à ce qui est. Cela ne fera que provoquer des soucis en nous. Si nous regardons tout comme divin, jamais rien ne nous dérangera.

Vous ne devriez pas porter de jugements sur le monde. Vous pensez : « Un environnement tranquille est bon ; un environnement bruyant est mauvais. » Si vous avez des pensées de ce genre, vous serez inévitablement pris dans les rouages de votre mental. Il n'y a rien à redire à propos du monde et de l'environnement dans lequel vous vivez. Les seuls défauts sont dans le mental qui regarde le monde. Si vous changez la façon de voir du mental, le monde change automatiquement. Ou alors, vous pouvez faire don de votre mental tout entier à Dieu.

Le saint Jnânasambandhar a dit : « Il y a moyen de vivre heureux dans ce monde malheureux. Ce moyen, c'est de faire don de notre mental à Dieu. »

Bhagavan a dit : « Abandonnez votre mental à Dieu et voyez toutes les formes comme étant Dieu. Ayez un amour égal pour tous les êtres. Celui qui vit ainsi, lui seul peut être heureux. »

Q : Est-il vrai que pour réaliser le Soi je dois constamment me cramponner à celui qui cherche ? Devrais-je toujours être conscient de cette personne qui cherche le Soi ?

A.S. : Vous n'avez pas besoin de vous cramponner à la personne qui cherche. Si vous voyez que celui qui cherche est le même que celui dont le mental erre ; si vous voyez que tous les deux sont faux, vous êtes déjà éveillé. Quand vous allumez une lampe, l'obscurité cesse d'exister. Quand vous devenez conscient de vous-même en tant que le Soi, l'obscurité de l'« autre que le Soi » disparaît.

Q : Il est si difficile d'éviter de s'empêtrer dans le mental. Rester détaché des pensées, c'est comme essayer d'empêcher la marée de monter. D'instant en instant, des vagues de nouvelles pensées emportent l'observateur détaché.

A.S. : L'investigation du Soi doit être faite de manière répétée et continue. Le mental vagabond perd peu à peu son énergie quand il est soumis à un constant et minutieux examen. Il tire toute son énergie de l'attention que vous prêtez aux pensées et aux émotions. Si vous refusez de leur prêter attention et défiez au contraire chaque pensée aussitôt qu'elle apparaît, tôt ou tard votre attention cessera de se laisser entraîner par toutes vos pensées éparses. Quand l'attrait des pensées éphémères diminue au point que vous ne vous sentez plus obligé de vous cramponner à elles chaque fois qu'elles apparaissent, vous serez capable de rester tranquillement dans l'expérience de votre nature réelle sans être distrait.

Q : Nous sommes habitués à voir un monde d'objets multiples et distincts. Comment pouvons-nous corriger notre vision de manière à ne voir que le Soi partout ?

A.S. : Si vous tournez fréquemment votre attention vers la conscience omnipénétrante qui est en vous, l'habitude de voir le multiple disparaîtra graduellement. Vous ne voyez la multiplicité que parce que vous prêtez attention à cette habitude. Au lieu de cela, à l'instant même, retirez votre énergie de cette habitude et allez dans l'autre direction, vers votre vrai Soi. En demeurant fermement dans le Soi, vous accumulez l'énergie qui vous permet de résister à l'illusion de la multiplicité. Tandis que vous continuerez à vous immerger dans la pure conscience, l'habitude de voir l'un comme multiple diminuera et disparaîtra peu à peu.

Q : La disparition de l'altérité a lieu en même temps que la disparition de l'ego. Est-ce exact ?

A.S. : Oui.

Q : J'ai remarqué que lorsque l'on a un fort ego, les gens alentour semblent aussi avoir de forts egos. Quand on commence à se détacher du corps et du mental, il semble que l'on ne remarque pas ce qui émane des autres.

A.S. : Celui qui a éliminé son ego voit les autres comme faisant partie de lui-même, tout comme les bras, les jambes, les pieds, etc. font partie du corps. Tout est un. Mânikkavâchagar a chanté : « Vous êtes un et personne n'est séparé de vous. »

Le *jnâni* ne voit pas d'autres personnes ; il ne voit que le Soi. Le pouvoir spirituel qui habite et environne de telles personnes aide les autres à se défaire de leur vision défectueuse. C'est pourquoi *satsang* est si important et si utile.

Bhagavan a dit un jour : « Les *jnânis* sont les seules personnes pures. Les autres sont polluées par leurs egos. S'associer aux *jnânis* est très important pour les gens qui veulent progresser spirituellement. »

Q : Satsang signifie-t-il « fréquentation des *jnânis* » ou bien cela peut-il aussi signifier « bonnes fréquentations » ?

A.S. : Le réel *sat*, qui est l'être, est en vous. Vous vous associez à lui et êtes en *satsang* chaque fois que vous tournez votre attention vers lui. Vous n'avez pas besoin d'un *jnâni* pour un tel *satsang*. Vous pouvez vous l'offrir où que vous soyez. D'un autre côté, les personnes trop attachées au monde qui vivent près de *jnânis* se privent souvent de *satsang* parce qu'elles ne se branchent pas sur l'être [*sat*] du *jnâni*.

Certaines personnes qui vivent près de saints sont exactement comme les petits insectes appelés *unni* qui vivent sur les pis des vaches. Ils y boivent le sang au lieu du lait. Certaines personnes qui étaient physiquement en compagnie de Bhagavan ignoraient ses enseignements et négligeaient de se mettre en contact avec la grâce qui irradiait de lui. Elles travaillaient et mangeaient à l'ashram, mais en retiraient peu de profit. Ces personnes n'avaient pas de *satsang*, elles n'étaient que des *unnis* humains.

Il y avait un groupe de brahmanes qui voyaient fréquemment Bhagavan, mais ne souscrivaient pas à la perspective de *Yadvaita* « Tout est *Brahman*. Tout est le Soi. » En ce temps-là, nous lisions beaucoup la *Ribhu Gîtâ*, un texte qui affirme à maintes reprises : « Tout est *Brahman*. » Ces brahmanes refusaient de participer parce qu'ils n'approuvaient pas la philosophie.

« Où se trouve ce Brahman dont vous parlez ? » disaient-ils. « Comment peut-il être tout ? Comment pouvez-vous chanter : "Tout est *Brahman*", alors que cela n'est pas votre expérience. Il se peut que de tels enseignements soient utiles pour des gens comme Bhagavan, mais pourquoi des gens comme nous devraient-ils répéter sans fin ces affirmations comme des perroquets ? »

Bhagavan lui-même nous encourageait à réciter ce texte régulièrement. Il disait que la répétition constante et fréquente conduisait au *samâdhi*. En nous donnant cette instruction, Bhagavan nous donnait un moyen d'expérimenter un peu de l'être [*sat*] qui est sa réelle nature. En fait, il nous offrait une forme de *satsang* très efficace. Mais ces brahmanes n'en voulaient pas. Ils préféraient se plaindre du contenu du livre. Alors que de telles personnes rejettent délibérément un moyen de s'associer avec l'être [*sat*] de Bhagavan, comment peut-on dire qu'elles ont son *satsang* ?

Q : Même si de telles personnes ne comprenaient pas les enseignements de Bhagavan et n'essayaient pas de les suivre, est-ce qu'elles ne retireraient pas un certain profit du simple fait d'être près de lui ? Peut-être leur association physique avec Bhagavan portera-t-elle des fruits dans une vie future ?

A.S. : Oui, c'est vrai. Dans le *Yoga Vâsishtha*, il est dit que celui qui peut s'associer à un *jnâni* parviendra à *mukti* en quatre ou cinq vies seulement. Ces gens étaient physiquement associés à Bhagavan et ont eu connaissance de ses enseignements, même s'ils n'y croyaient pas ou ne les pratiquaient pas. Ces enseignements sont comme des graines qui commenceront à germer quand le temps et les circonstances seront venus.

Q : On dit que des saints comme Gourou Nanak, Kabir et d'autres étaient très opposés au culte des idoles. Bhagavan a expliqué qu'un tel culte était utile pour certaines personnes à un certain stade de leur *sâdhanâ*. J'ai lu qu'un vrai *jnâni* ne critique jamais rien. Cela signifie-t-il que ces saints n'étaient pas des *jnânis* ? Ou est-ce que ce sont leurs disciples qui n'ont pas compris correctement leurs enseignements ?

A.S. : Il n'y a pas de doute que Gourou Nanak et Kabir étaient des *jnânis*.

Si des *mumukshus* [personnes qui désirent la réalisation du Soi] qui s'efforcent d'obtenir la libération se cramponnent à une forme de Dieu, il arrive souvent que leur progrès vers la vérité soit complètement arrêté. Aussi, par compassion pour de tels êtres, les saints critiquent-ils le culte des idoles.

Les personnes réalisées ne portent pas de jugements critiques sur quoi que ce soit. S'ils paraissent extérieurement critiquer quelque chose, c'est seulement pour le bien des autres. Leur propre expérience intérieure est qu'il n'y a pas de « bien » ni de « mal ».

Si l'on s'identifie encore avec le corps, il n'y a aucun mal à vouer un culte aux idoles. Ces gens qui sont centrés dans le corps, qui prennent le corps pour « je », sont pleins de pensées de Dieu quand ils s'adonnent à un culte extérieur. Ils deviennent conscients d'une puissance qui est plus grande que leur petit soi limité. On ne devrait critiquer aucune activité qui tourne le mental des gens ordinaires vers une certaine conscience de Dieu.

Le même Bhagavan qui admettait que le culte des idoles est bon pour certaines personnes m'a dit : « Vous n'avez pas besoin de pratiquer de culte extérieur. »

Plusieurs années plus tard, il m'a dit que je ne devais même pas venir le voir. Il ne me donna pas de raison, mais je crois qu'il voulait que je renonce à mon attachement à sa forme extérieure.

Il m'a dit : « Cramponnez-vous au Soi. Si vous pouvez faire cela, vous n'avez pas besoin d'autre pratique. C'est la *sâdhanâ* ultime et finale. »

Bhagavan a écrit dans un de ses versets [*Ulladu Nârpadu, v.4*] : « Si vous avez une forme, alors Dieu aussi a une forme ; si vous n'avez pas de forme, alors Dieu non plus n'a pas de forme. » Si vous pouvez voir toutes les formes comme une manifestation de Dieu, alors comment pouvez-vous dire que Dieu n'a pas de formes ? La *Ribhu Gîtâ* dit : « Toutes les formes sont *Brahman*. »

Q : J'ai lu quelque part : « Toutes les formes sont Ses formes, cependant, Il n'a pas de forme. »

A.S. : Oui. L'océan a beaucoup de vagues sur lui, qui lui donnent une forme extérieure, mais l'eau elle-même est sans forme. Mânikkavâchagar a chanté : « Dieu est à la fois obscurité et lumière ; Il est à la fois mâle et femelle ; Il est à la fois faux et réel ; Il est tout. »

17

Q : Récemment, j'ai reçu une lettre d'un ami. En la lisant, je me suis senti très heureux. Mon mental était excité. Après coup, je me suis dit : « Il y a de l'attachement pour cette personne. Mon amour n'est pas égal pour tout le monde. »

A.S. : Il n'est pas bon d'aimer ou d'avoir de la sympathie pour une personne particulière. Ayez de l'amour pour tout le monde. C'est l'absence de désir.

Q : J'ai un ami qui est en prison depuis dix ans. Il est très désespéré. Y a-t-il quelque chose que je puisse faire pour l'aider ?

A.S. : Tout l'univers est dirigé par Dieu. Nous devrions déposer tous les fardeaux à Ses pieds. Laissez à Dieu le soin de diriger le monde. Dieu a décidé quelles actions nos corps accompliront en ce monde. C'est la volonté de Dieu que le corps de votre ami soit en prison. Mais Dieu ne lie pas le mental des gens. Ils sont toujours libres de se tourner vers Lui. Ils peuvent toujours se tourner vers le Soi et se dissocier des activités du corps.

Si vous voulez aider votre ami, envoyez-lui quelques-uns des livres de Bhagavan. Il aura alors la possibilité de s'informer sur son propre Soi. S'il les comprend, il peut essayer d'obtenir la liberté intérieure, bien que son corps soit emprisonné. Il souffre probablement parce que son corps a été mis en prison. Pour peu qu'il comprenne quelque chose au sujet de sa nature réelle en lisant les enseignements de Bhagavan, il se peut qu'il comprenne que seul son corps est en prison. Personne ne peut mettre le Soi en prison. S'il apprend à s'identifier avec son Soi réel, il sera plus libre que ses geôliers.

Si nous sommes ignorants du Soi, il n'en résulte que détresse et souffrance. Votre ami se sent probablement malheureux parce qu'il pense qu'on l'a mis en prison. Ceux qui sont à l'extérieur de la prison sont pour la plupart tout aussi malheureux parce qu'ils se limitent eux-mêmes en s'identifiant avec le corps. Les gens qui sont à l'extérieur s'emprisonnent eux-mêmes dans leurs corps en s'identifiant à tort avec eux. Les gens qui sont ignorants du Soi mènent une vie malheureuse qu'ils soient à l'intérieur ou à l'extérieur de la prison.

Aurobindo a fait beaucoup de *sâdhanâ* en prison; Gandhi aussi. Si vous avez l'attitude juste, la prison peut être un lieu agréable pour vous adonner à la méditation.

Q: Se stabiliser dans le Soi requiert beaucoup d'effort. Je ne suis pas sûr que mon ami soit capable défaire l'effort.

A.S.: Oui, cela exige un gros effort. Quand du bois est mouillé, il ne prend pas feu immédiatement. Il faut d'abord qu'il sèche au soleil. Quand notre mental aura été séché par la méditation constante, une seule étincelle du Soi l'enflammera.

Certaines personnes subissent beaucoup de souffrance à cause de leur *karma* passé, chargé de péchés. Cette souffrance purifie leur mental dans une certaine mesure, de la même manière que le soleil sèche le bois mouillé. Une fois que leur mental s'est purifié jusqu'à un certain point, ils sont mieux qualifiés pour *jnâna*.

Dieu nous crée souvent beaucoup de difficultés simplement pour que nous détournions notre attention du monde et la tournions vers Lui.

Quand nous ressentons douleur et frustration, nous commençons à demander: «Que pouvons-nous faire qui nous aide à nous débarrasser de cette souffrance?»

Souvent nous nous tournons vers Dieu pour demander de l'aide. Les souffrances en ce monde sont souvent un cadeau de Dieu. C'est par la porte de la détresse et de la souffrance que nous pouvons entrer dans le royaume de Dieu.

Si la souffrance semble exister, ce n'est que parce que nous nous identifions avec le corps et le mental. En fait, il n'y a ni détresse ni souffrance.

Bhagavan disait: «Il n'y a rien à redire à la création de Dieu. La détresse et la souffrance n'existent que dans le mental.»

Si nous souffrons à cause des idées erronées que nous avons de nous-mêmes, nous pouvons apprendre à transcender la souffrance en renonçant à ces idées ou en nous tournant vers Dieu. La souffrance nous donne l'impulsion pour fuir l'ignorance par laquelle nous nous limitons nous-mêmes. Si Dieu n'envoyait pas ces cadeaux de souffrance et de détresse, beaucoup de gens se contenteraient de vivre toute leur vie, éloignés de Dieu et inconscients de leur vraie nature.

Q : Est-ce que la grâce du Gourou consume le *karma* ? Le Gourou peut-il enlever une partie du mauvais *karma* passé ?

A.S. : J'ai servi Bhagavan pendant plusieurs années. En servant Bhagavan corps et âme, les *karmas* de mes vies antérieures ont été facilement effacés. Tout cela se fit par sa grâce. Quand cette période se termina, Bhagavan me dit : « Vos *karmas* sont épuisés. » Je ne m'attendais pas à ce que Bhagavan me donne une si grande bénédiction.

Trouver un grand Gourou comme Bhagavan dépend de notre *karma*. On ne peut espérer trouver un tel Gourou à moins d'avoir fait du *tapas* dans des vies antérieures.

La voie de *jnâna* est pour ceux qui n'ont plus qu'un peu de *karma*. Ceux qui ont encore beaucoup de *karmas* à subir ne peuvent pas suivre la voie de *jnâna* avec succès parce qu'ils n'ont pas la capacité de rester calmes et tranquilles. Seuls ceux qui ont appris à rester tranquilles peuvent demeurer dans le Soi.

Si on a la chance de trouver un Gourou comme Bhagavan, on devrait rester avec lui et le servir de tout cœur. Beaucoup de gens sont venus auprès de Bhagavan, ont fait du *sévâ* [service] et dit qu'ils voulaient réaliser le Soi. Après un certain temps, plusieurs d'entre eux ont oublié la raison pour laquelle ils étaient venus auprès de Bhagavan. Ils commencèrent à se mêler de la politique de l'ashram et perdirent bientôt leur désir de réaliser le Soi. D'autres eurent quelques bonnes expériences et puis partirent, pensant qu'ils n'avaient plus rien à apprendre.

Si vous avez l'occasion de demeurer auprès d'un Gourou, vous ne devriez pas laisser passer votre chance en le quittant ou en vous complaisant dans des activités mondaines dans son voisinage.

Q : J'ai lu que si l'on médite assez intensément, le courant de méditation se poursuit pendant la nuit. Juste avant d'aller dormir le soir, je me répète : « Je ne suis pas le corps, je ne suis pas le mental, je suis le Soi immanent. » Cela aura-t-il de l'effet ? Cela agira-t-il pendant la nuit ?

A.S. : Ce que vous faites est très bien. Si vous vous endormez avec cette forte conviction comme pensée dominante, elle agira sur votre mental pendant votre sommeil. Si cette pensée est présente pendant que vous dormez, le lendemain matin, elle se présentera d'elle-même comme la première pensée de la journée.

Q : Swâmî dit fréquemment que nous ne devrions pas nous identifier avec le corps. Si je rejette l'idée que ceci est mon corps, quel autre instrument puis-je utiliser pour réaliser le Soi ? Ne dois-je pas m'identifier d'une certaine manière avec le corps afin de l'utiliser pour accomplir ma *sâdhanâ* ?

A.S. : Vous portez une chemise. Cela veut-il dire que vous devez prendre cette chemise pour vous-même ? Vous portez une chemise pour conserver la chaleur, mais vous ne dites pas : « Je suis une chemise. » Vous pouvez utiliser le corps comme un instrument pour réaliser le Soi sans penser : « Je suis le corps. » Considérez le corps comme un outil utile.

Q : Je suis déconcerté par certains aspects de cet enseignement. Il n'y a pas de doute que Bhagavan était réalisé, mais dans cet état il était encore conscient de son corps. Quand Bhagavan était malade, il ne disait pas : « J'ai mal », il disait « Il a mal ». Puisqu'il était conscient de cette douleur dans le corps, il devait encore s'identifier un peu avec lui.

A.S. : Même lorsque le corps éprouvait de la douleur, Bhagavan en était détaché. Il n'était affecté par rien de ce qui arrivait au corps.

Q : Il en était détaché en ce sens qu'il n'était pas concerné ni dérangé par le corps, mais il était quand même conscient que celui-ci éprouvait de la douleur.

A.S. : Il y avait une conscience de la douleur, mais il n'y avait pas le sentiment : « Ceci est mon corps ; j'ai mal. » Vous pouvez avoir conscience d'oiseaux volant dans un arbre et le quittant sans penser : « Je suis cet arbre ; ces oiseaux sont à moi. » De même, Bhagavan pouvait avoir conscience des sensations corporelles sans penser : « Je suis ce corps ; cette douleur est mienne. » Bhagavan portait un corps de la même manière que d'autres personnes portent un *dhôti*.

Vous attachez trop d'importance aux corps, celui de Bhagavan et le vôtre. Il est possible de vivre sans avoir conscience du corps en aucune façon. Votre expérience dans le sommeil profond devrait vous convaincre que cela est possible. Vos questions et doutes viennent tous du niveau corps-mental, de l'idée que vous êtes un corps et une personne. Vous pouvez découvrir ce qu'est la relation entre le corps et le Soi en faisant l'expérience du Soi tel qu'il est réellement. Mais pour faire cette expérience, vous devez d'abord être prêt à renoncer à l'idée que vous êtes un corps et une personne. Vous n'aurez jamais l'expérience tant que vous vous accrocherez à des idées fausses au sujet du corps. Vous ne résoudrez pas vos doutes à propos du corps en en discutant ; vous ne les résoudrez qu'en y renonçant.

Q : Quelle est la relation entre le vrai « je » et le faux « je » ? Quel est le rapport entre les deux ?

A.S. : Comment pourrait-il y avoir un quelconque rapport ou une quelconque relation entre ce qui seul existe et quelque chose qui n'a jamais existé en dehors de votre mental ? Seul le Soi existe. Il n'a ni rapport ni relation avec quoi que ce soit parce qu'il n'y a rien qui soit distinct de lui, avec quoi il puisse avoir une relation. Le faux « je » n'a pas de réalité ; ce n'est qu'une croyance erronée. Quand vous cessez finalement de croire que vous êtes une personne habitant un corps, vous devenez conscient de ce que vous êtes réellement.

Si quelqu'un qui louche regarde le sommet d'Arunâchala, il voit deux sommets au lieu d'un seul. Si une telle personne n'avait pas conscience d'avoir une vision défectueuse, il se pourrait qu'elle demande : « Quelle est la relation entre les deux sommets ? Comment puis-je construire un pont entre eux ? » Il n'y a qu'une réponse correcte à donner à une telle personne :

« Votre vision est défectueuse. Si vous faites corriger votre vue, vous verrez qu'il n'y a qu'un sommet. Vous verrez que le second sommet n'a jamais existé en dehors de votre mental. »

Votre vision spirituelle est défectueuse. Elle vous fait voir des objets au lieu du Soi unique. Vous pouvez guérir de ce défaut en vous établissant dans le Soi. Le *nishthâ* [celui qui est établi dans le Soi] n'est pas conscient de la multiplicité ; il n'est conscient que du Soi unique.

18

Q : J'observe comment l'enseignement se poursuit à l'intérieur. Ce matin, quand je me suis réveillé, ma première pensée a été : « Je prends refuge aux pieds de Bhagavan. » Mais à l'instant même une autre pensée est survenue : « Qui prend refuge ? » Je pense que cette nouvelle attitude provient du fait que j'ai entendu les enseignements de Swâmî.

A.S. : Votre interrogation est correcte.

Q : Je sens qu'il y a de la vigilance à l'intérieur.

A.S. : Si vous recherchez l'origine d'une pensée aussitôt qu'elle apparaît, votre attention se tourne vers le Soi. Le Soi est toujours vigilant. C'est sa nature.

Q : J'ai une grande habitude de me raccrocher à quelque chose, comme la forme de Bhagavan. Cela fait partie de mon besoin de sécurité. Maintenant je vois que ce désir de sécurité me quitte.

A.S.: Vous n'êtes fermement accroché au véritable Bhagavan que lorsque vous renoncez à tous les appuis. En abandonnant vos soutiens, vous ne renoncez pas à votre sécurité, vous devenez plus confiant dans le véritable Bhagavan.

Même l'image, la forme de Bhagavan, est *mâyâ*. Il réside en nous en tant que le Soi. C'est le véritable Bhagavan. Le saint Mânikkavâchagar, après avoir reçu les bénédictions de Shiva, entonna un chant dans lequel il complimenta Shiva en l'appelant un *mâyâvâdin* [quelqu'un qui expose la doctrine de *mâyâ*]. Il nous faut apprendre d'un Gourou la vérité au sujet de *mâyâ*, puis utiliser sa grâce pour la transcender.

Chinnaswâmî essaya une fois de m'effrayer en me disant : « Ne croyez pas ce que Bhagavan vous dit, c'est un *mâyâvâdin*. Il vous illusionnera et vous trompera. »

Je répondis : « Il peut tromper ce corps et ce mental, mais ce faisant il me révélera le Soi. »

Un jour, pendant mes premières années ici, je montai sur la montagne voir la grotte du Manguier où avait vécu Bhagavan. Un *sâdhu* aux longs cheveux emmêlés était assis en *padmâsana* près de la grotte. Je pensai que c'était un pseudo aussi l'ignorai-je et entrai-je dans la grotte.

Quand je sortis et passai devant lui, il s'exclama avec colère : « Vous êtes passé devant moi sans faire *namaskâram* ! Je vous maudirai pour cela ! Vous serez détruit ! »

Je me moquai de lui et dit : « Je suis venu à Arunâchala parce que je voulais être détruit. Puisse votre malédiction se réaliser : je veux que mon ego soit détruit. »

Le *sâdhu* fut très mécontent quand il vit que je n'avais absolument pas peur de lui.

Q: L'autre jour, Swâmî a dit que quelqu'un peut vivre ici, au pied d'Arunâchala, sans en retirer de bénéfice si son mental n'est pas ici. L'*Arunâchala Purânam* et Bhagavan disent tous les deux que le simple fait de penser à Arunâchala peut conduire quelqu'un à *moksha*. Comment faut-il comprendre ces affirmations à la lumière de ce que Swâmî a dit ?

A.S.: « Ceux qui pensent à Arunâchala obtiendront *mukti*. » – les Écritures le disent. Mais il se peut que, bien que vivant ici à Arunâchala, on ne ressente aucune dévotion pour cette montagne. On peut ne pas la considérer comme Dieu. Beaucoup de personnes vivent ici sans accorder autre chose qu'une pensée fugitive à la montagne. Comment pourrions-nous conclure que ces personnes vivent à Arunâchala ? La vérité est : on est là où est notre mental.

Si l'on vit ici, mais que notre mental est tout à la pensée d'un autre endroit, on se trouve effectivement à cet endroit-là. Il y a une histoire que racontait Râmakrishna Paramahamsa :

« Une fois deux amis allèrent écouter une conférence sur le *Bhâgavatam*.

« Chemin faisant, l'un d'eux se dit : "Qu'est-ce qu'il y a dans ce *Bhâgavatam* ? Je vais plutôt aller voir une prostituée et goûter un peu de bonheur."

« Il se rendit à la maison de la prostituée tandis que son ami alla écouter la conférence. Pendant qu'il était couché avec la prostituée, le premier homme commença à se sentir un peu coupable de ce qu'il avait fait.

« Il pensa : "Comme ce serait bien d'utiliser cette vie humaine pour écouter des histoires sur le Seigneur et pour méditer sur le Seigneur." Il commença à penser avec nostalgie à certaines des histoires du *Bhâgavatam* qu'il avait entendues auparavant. Du fait de ces sentiments, son mental était avec le *Bhâgavatam* bien que son corps fût avec la prostituée.

« L'autre homme qui était allé écouter le *Bhâgavatam* pensait à ce que son ami devait être en train de faire avec la prostituée.

« Il pensait : "Mon ami doit s'amuser bien plus que moi."

« Son corps était présent à l'entretien, mais son mental n'était pas au *Bhâgavatam*. Il était avec la prostituée. Le mérite [*punya*] d'écouter le *Bhâgavatam* revint à celui qui était avec la prostituée. L'autre homme, bien que physiquement présent à l'entretien, encourut les conséquences du péché d'avoir été avec la prostituée. »

Q : Ainsi quand Bhagavan disait : « La pensée la procure *mukti* », il n'entendait pas par là une seule pensée isolée, il voulait dire que l'on devrait constamment penser à Arunâchala ?

A.S. : Il y a un verset dans *Aksharâmanamâlai* : « O Arunâchala ! Tandis que pensant à toi, j'ai été pris dans la toile de ta grâce, toi, telle une araignée, tu m'as enserré, puis dévoré. »

Si vous pensez à ce mont Arunâchala, ne serait-ce qu'une fois, Arunâchala répond en essayant de vous absorber. Il le fait en nous faisant penser à lui de plus en plus souvent. Quand les pensées sont fortes et continues, il nous pousse à nous abandonner complètement. Comme une araignée, il nous attire dans sa toile et finalement il nous détruit. Ainsi, dans le cas de dévots arrivés à maturité, on peut dire qu'une seule pensée d'Arunâchala peut, étape par étape, conduire à la libération.

Q : Le lien avec Arunâchala est-il dans le mental ou seulement dans le Cœur ?

A.S. : Le premier verset d'*Aksharâmanamâlai* a deux significations :

1) O Arunâchala ! Tu déracines l'ego de ceux qui pensent à toi dans le Cœur.

2) O Arunâchala ! Tu déracines l'ego de ceux qui pensent : « Arunâchala Je suis. »

On peut donc avoir à la fois un lien mental et un lien de Cœur. Le lien de Cœur est bien sûr supérieur, puisqu'il est le véritable Arunâchala.

Q : Certaines personnes n'ont pas de dévotion pour Arunâchala. Elles ne font que vivre et travailler ici. Le pouvoir qui irradie de la montagne leur fait-il du bien ?

A.S. : On peut prendre dans l'océan autant d'eau que l'on est capable d'en porter, mais si l'on ne prend pas la peine de descendre vers le rivage avec un pot, on n'obtient rien du tout. Arunâchala n'accorde sa grâce qu'à ceux qui ont quelque récipient pour la recevoir. Si le mental pense à Arunâchala avec amour, il crée automatiquement en lui-même un espace qui peut recevoir un peu de la grâce de la montagne.

Beaucoup de gens font le *pradakshina* de ce mont Arunâchala. Ils ont beaucoup de désirs ; ils veulent accomplir beaucoup de choses. Le moment venu, il se peut qu'ils reçoivent ce qu'ils désirent. Mais si vous faites *giri pradakshina* comme une *sâdhanâ* pour obtenir la connaissance du Soi, alors vous obtiendrez cela.

La plupart des gens ont de nombreux désirs qu'ils veulent satisfaire. Mais quelques rares personnes disent à Dieu : « Je ne veux rien. Affranchis-moi du désir, c'est mon seul désir. » Une telle personne est un instrument en état de recevoir la grâce.

Il y a un verset dans *Kaivalya Navanîtam* :

Si l'on s'approche d'un arbre, on bénéficiera de son ombre ; si l'on s'approche d'un feu, on sera soulagé du froid ; si l'on va à la rivière et que l'on boit, notre soif sera étanchée ; si l'on s'approche de Dieu, on recevra Sa grâce. Si l'on ne s'approche pas et que l'on ne reçoit pas Sa grâce, est-ce la faute de Dieu ?

Celui qui reçoit le plus de grâce est celui qui est totalement sans désir. Une telle personne n'aura pas de désir, même pour *moksha*.

Q : Dans quelle mesure le *pradakshina* d'Arunâchala est-il efficace ? Est-il aussi bénéfique que la méditation sur le Soi ?

A.S. : Arunâchala rayonne de la grâce du Soi. Si vous en faites le tour avec vénération, gardant votre mental tranquille ou pensant au Soi, vous avez le *satsang* du Soi. Un grand pouvoir spirituel émane d'Arunâchala.

On le sent si l'on s'approche de la montagne avec humilité et vénération, et avec un mental paisible. Si l'on fait le *pradakshina* d'Arunâchala en ayant la juste attitude, le mental et le corps sont purifiés tous les deux. Si vous êtes d'humeur à faire *pradakshina,* alors allez-y. Méditez pendant que vous marchez. Et si, à d'autres moments, vous êtes d'humeur à vous asseoir en méditation, faites-le. Les deux pratiques se valent. L'important est de les faire correctement et avec attention. Quoi que le corps fasse, on devrait toujours garder une ferme conscience du Soi. L'important, que l'on fasse *pradakshina* ou que l'on soit assis en méditation, est de renoncer à l'identification avec le corps, d'abandonner l'idée « Je suis le corps ».

Q : Je sens qu'Arunâchala est comme une mère qui m'accompagnera partout, même quand je serai dans un autre pays.

A.S. : Arunâchala ne va nulle part. Arunâchala est le Soi, et le Soi ne va ni ne vient. En Sanskrit, le mot *achala* signifie « qui ne bouge pas ».

Q : Il y a un verset dans *Arunâchala Mahâtmyam* qui dit que ceux qui vivent dans un rayon de 50 km autour d'Arunâchala atteignent la libération sans effort ni initiation.[34] Que pense Swâmî de ce verset ?

A.S. : Pour la libération, il doit y avoir un souvenir continu d'Arunâchala. On doit avoir foi en Arunâchala et s'abandonner à elle. Arunâchala est pure conscience ; ce n'est pas un morceau de roche inerte. Si vous croyez qu'Arunâchala est un Gourou qui vous guidera, elle répondra en vous guidant de manière appropriée. Mais pour qu'il en soit ainsi, il faut s'abandonner à la montagne et avoir une grande foi en elle.

Arunâchala est comme un feu ; si vous vous approchez, vous pouvez vous réchauffer, voire même vous brûler. Mais si vous êtes revêtu d'un isolant, bien que vous en soyez physiquement proche, il se peut que vous ne sentiez pas le feu.

Q : Je ressens un fort attachement pour Arunâchala. J'éprouve aussi un besoin de solitude et de tranquillité. Je ne vois pas comment je pourrais de nouveau vivre loin d'ici, dehors dans le monde.

A.S. : Les attachements et les désirs engendrent généralement la servitude. Mais le désir de rester ici à Arunâchala est un bon désir que l'on peut encourager. C'est très bien d'être attaché à Arunâchala parce qu'Arunâchala est le Soi. Quand on pense à Arunâchala, on tourne son mental vers le Soi.

---

34. « Moi, le Seigneur, je décrète que ceux qui résident à moins de trente *yojanâs* [environ 50 km] autour de ce lieu [Arunâchala] parviendront à l'union qui met fin à l'asservissement, même en l'absence d'initiation, etc. » C'est l'un des cinq versets que Râmana Maharshi a traduits du sanscrit en tamil. Voir *Œuvres réunies*, p. 82.

19

Q : Le plus souvent, je pratique « Qui suis-je ? » J'essaye de sentir la présence de « Je suis » en moi. Mais parfois, j'ai envie de me sentir d'une certaine manière assis en présence de Bhagavan. Parfois, quand je regarde sa photo, elle se remplit de lumière. Quand je vois Bhagavan ainsi, je me sens toujours très paisible et joyeux ; je ne lui demande rien. J'aime simplement m'asseoir et me réchauffer en sa présence. Parfois je ressens le besoin d'aimer et l'être aimé. Je trouve alors qu'il y a quelque chose de sec et de froid dans l'investigation du Soi. Cependant, le plus souvent, je suis quand même la voie de l'investigation du Soi. C'est seulement de temps en temps que j'ai ces phases de *bhakti*. Quand elles se terminent, je me remets à l'investigation avec plus de vigueur et il me semble obtenir de meilleurs résultats. Pour cette raison, j'interromps souvent l'investigation et je regarde la photo de Bhagavan. Dans ces moments-là, imaginer que je suis assis devant le vrai Bhagavan me réjouit beaucoup. Que pense Swâmî de cette attitude et de cette pratique ?

A.S. : On doit garder son attention sur le Soi si l'on veut progresser sur la voie spirituelle. Mais puisque Bhagavan est aussi le Soi, vous pouvez aussi faire des progrès en pensant à lui. C'est bien d'éprouver de l'amour et de la dévotion pour Bhagavan. Plus nous l'aimons, plus sa grâce s'écoule vers nous en retour.

Q : Je voulais savoir parce que parfois j'ai le sentiment de voir Bhagavan en chair et en os. Je me sens très paisible à ce moment-là. Je ne suis pas sûr que je doive me complaire dans ces états.

A.S. : Autrefois, quand je regardais la photo de Bhagavan, il semblait me dire : « Je suis allé au-delà de ce corps et me suis établi en tant que conscience. Maintenant à vous d'en faire autant. »

Bhagavan est le Soi. Si vous vous concentrez sur son image, il vous appellera à lui. Il essayera de vous attirer vers le Soi réel.

Q : Parfois je me sens comme un enfant. J'ai l'impression de tenir la main de Bhagavan. J'ai aussi le sentiment qu'il m'abrite et me protège. C'est un étrange sentiment infantile que celui d'avoir peur de tout et de tous sauf de Bhagavan.

A.S. : Avoir de l'amour pour Bhagavan ou pour son propre Soi, c'est pareil. Si nous avons de l'amour et de la dévotion pour la forme de Bhagavan et que nous nous abandonnons à lui, il nous conduira à la réalité.

On ne peut pas voir le Soi, la conscience, parce que ce n'est pas un objet qui peut être perçu. Mais on peut indirectement garder notre attention sur le Soi en ayant le *darshan* de la forme de Bhagavan.

Q : Je ressens que la voie de la *bhakti* est un chemin facile. Quand je recherche : « Qui suis-je ? », j'ai le sentiment de devoir faire un grand effort pour calmer le mental. La voie de la *bhakti* me paraît plus douce, plus joyeuse et plus facile.

A.S. : Il est toujours bon de vénérer le Gourou, mais il est bien mieux de se conformer à ses enseignements. Vous pouvez suivre la voie de la *bhakti* si vous le voulez, mais vous devriez vous souvenir qu'il est presque impossible qu'un dévot puisse juger s'il fait ou non des progrès. Vous ne devriez pas conclure hâtivement que vous ne faites pas de progrès dans votre investigation sur vous-même du seul fait que vous la trouvez difficile. Et vous ne devriez pas penser que vous faites beaucoup de progrès comme *bhakta* du seul fait que vous trouvez facile de provoquer des états d'esprit joyeux.

La même conscience qui est en vous et dans la forme de Bhagavan est dans toutes les formes. Nous devons apprendre à nous mettre en contact avec cette conscience en y pensant tout le temps.

Q : Je sais que Bhagavan est dans toutes les formes, mais parfois j'ai l'impression qu'il est plus facile de ressentir sa grâce en se concentrant sur une image de lui. L'investigation du Soi est un travail si difficile. On se sent rarement heureux ou paisible en le faisant. Parfois j'ai envie de m'offrir un peu de félicité en regardant un moment la photo de Bhagavan.

A.S. : Il n'y a rien de mal à regarder la photo de Bhagavan. C'est une très bonne pratique. Mais vous ne devriez pas vous laisser détourner de votre objectif principal qui est de vous établir en tant que conscience. Ne vous attachez pas à ces états de félicité ; ne leur donnez pas la priorité sur la quête du Soi. Si vous vous attachez à des états paisibles ou bienheureux, vous risquez de perdre votre intérêt pour la quête principale. Cela fait du bien de se sentir paisible et heureux, mais ne vous complaisez pas dans ces états aux dépens de l'investigation du Soi. Si vous réalisez le Soi intérieur, si vous réalisez qu'il n'y a pas un atome qui soit séparé du Soi, vous ferez l'expérience de la paix et de la félicité véritables du Soi. Vous *serez* la paix et la félicité plutôt que celui qui en fait l'expérience. Si vous prenez plaisir à des états passagers de paix et de félicité mentales, celui qui éprouve cette paix et cette félicité ne voudra pas se fondre dans le Soi et disparaître.

Ne vous attachez pas à la paix mentale. Allez au-delà d'elle. Devenez la paix qui provient du fait d'être le Soi.

Q : Je pense que je m'offre ces intermèdes de *bhakti* parce que j'ai un grand et ardent besoin d'amour. Peut-être que je ne donne de l'amour que parce que j'en veux davantage en retour.

A.S. : Dans l'état du Soi, l'amour véritable est toujours présent. Mais quand l'amour est limité et orienté vers une seule personne, il devient désir. Cette sorte d'amour crée de la souffrance, non du bonheur. Si vous réalisez le Soi et aimez également tous les êtres, c'est la sagesse.

Q : Mais est-il légitime d'orienter son amour vers une personne réalisée ?

A.S. : Oui. Si vous aimez un être réalisé, vous finirez par découvrir que vous pouvez prodiguer de l'amour à tout le monde également.

Pendant les dix jours de la fête du *Dîpam* qui est célébrée ici toutes les années, les dévots viennent de toute l'Inde du Sud pour rendre un culte à une représentation d'Arunâchala-Shiva. On promène et exhibe cette représentation à travers les rues sur un char. Les personnes qui rendent un culte de cette façon ont une conception très limitée de Dieu. Le Dieu qui est dans le temple, le char, et toutes les personnes qui regardent la procession – tous sont des manifestations de Dieu. Vous devez cultiver la vision intérieure qui voit tout en tant que le Soi. Il est parfois difficile de le faire si vous limitez Dieu à une forme particulière.

Bhagavan a dit une fois qu'il n'était conscient de l'écoulement du temps que trois jours par année : le dernier jour de ces fêtes du *Dîpam,* le jour de la *Mahâpûjâ* [l'anniversaire de la mort de sa mère] et le jour de son propre *jayanti* [anniversaire]. Beaucoup de monde venait voir Bhagavan ces jours-là. C'étaient les jours de l'année où il y avait le plus d'activité à l'ashram. Le reste du temps, il n'y avait pas de grandes foules. Le *jnâni* est rarement conscient de l'écoulement du temps, parce que le concept de temps appartient au mental et non au Soi.

Q : Parfois quand je suis assis ici, je me sens comme un enfant en vacances. Je me sens heureux parce que cela semble facile d'être conscient du Soi en un tel lieu. Je me sens toujours très joyeux ici. Devrais-je fournir un quelconque effort quand je suis assis ici, ou bien devrais-je simplement me détendre et goûter aux bienfaits du *satsang* ?

A.S. : Il y a un verset tamil :

> Le chercheur qui désire réaliser la vérité devrait suivre la voie indiquée par les *shâstras* et marcher derrière les sages. Tandis que l'on marche derrière les sages, *mâyâ* desserre son étreinte. Débarrassez-vous de *mâyâ* en acquérant du discernement. Si vous vous débarrassez de *mâyâ,* finies les naissances et les morts !

En ayant *satsang,* on peut facilement transcender *mâyâ.* Maintenant, tandis que nous écoutons cet entretien, notre mental est en harmonie avec le Soi. C'est pourquoi vous vous sentez si joyeux. Quand le mental est totalement en harmonie avec le Soi, il n'est pas possible de penser au non-Soi.

20

Q : [Posée par un jeune couple venant d'Australie] Est-ce que *brahma-chârya* est nécessaire si l'on recherche la réalisation du Soi ?

A.S. : Aidez-vous l'un l'autre sur la voie comme des amis. S'il y a désir sexuel, vous perdrez de l'énergie spirituelle. Du simple fait de regarder quelqu'un et d'en éprouver du désir, on perd un peu d'énergie spirituelle. Dans un contexte familial, il y a toujours de forts attachements. Le mari donne beaucoup d'amour à sa femme et vice versa. Tous les deux donnent beaucoup d'amour aux enfants. Si vous voulez sérieusement vous adonner à la *sâdhanâ*, restez célibataires et mettez toute votre énergie dans l'investigation du Soi. Vous ne pouvez pas vous cramponner au Soi tant que vous êtes fortement attaché à d'autres personnes.

Q : Il y a quelque temps, alors que nous étions ensemble, nous avons fait une expérience de mort de l'ego qui a duré un certain temps. Puis l'ego est revenu. Pourquoi est-il réapparu après avoir complètement disparu ?

A.S. : Si l'ego est réapparu, vous n'avez pas expérimenté la mort de l'ego. Cela n'était probablement qu'une immersion temporaire du mental dans le Soi. Une fois que l'ego meurt, il ne peut jamais reparaître. Une fois que la rivière atteint la mer, elle y reste. Elle ne revient pas en arrière.

Q : J'ai beaucoup lu au sujet de la méthode d'enseignement de Bhagavan par le silence. Vous devez en avoir fait l'expérience à maintes reprises. Pouvez-vous expliquer comment agissait ce silence ?

A.S. : Si vous entrez dans un endroit sombre avec une lampe, la lumière éclaire tous ceux qui sont proches de vous. Vous n'avez pas besoin de leur dire que vous avez une lampe : ils s'en rendent compte. En présence d'un *jnâni* comme Bhagavan, l'obscurité spirituelle dans laquelle vivent les dévots est mise en fuite par la lumière rayonnante de *jnâna*. Dans le cas de Bhagavan, cette lumière nettoyait et calmait le mental de tous ceux qui étaient près de lui. Quand des dévots mûrs prenaient un bain de cette lumière, ils avaient parfois une expérience du Soi. Le rayonnement de cette énergie spirituelle était la *mauna dîkshâ* [initiation par le silence] de Bhagavan. Cette énergie irradiait de lui sans aucun effort de sa part. Ce rayonnement n'était pas le fruit d'un acte volontaire, mais une conséquence naturelle de sa réalisation. Bhagavan n'avait pas besoin de parler du Soi : il *était* le Soi, et cette énergie irradiait tout le temps de lui. Ceux qui étaient sensibles à cette énergie n'avaient pas besoin d'explications verbales de la part de Bhagavan. L'enseignement par la parole s'adressait seulement à ceux qui n'étaient pas en mesure de capter son rayonnement silencieux.

Q : Parfois je ressens qu'il est égoïste de désirer la réalisation du Soi parce que pour y parvenir on doit complètement se détacher de la société et des autres êtres humains. Il semble que je dois poursuivre ma *sâdhanâ* par moi-même et être indifférent à tous les gens que je vois souffrir autour de moi. Si je demande à ces gens qui souffrent : « Est-ce que vous souffrez réellement, ou est-ce seulement mon imagination ? », ils répondront que leur souffrance est réelle. Comment puis-je délibérément ignorer toute cette souffrance que je vois autour de moi sans m'en sentir coupable ?

A.S. : Il n'y a pas de société, il n'y a pas de souffrance et il n'y a pas de monde. Le monde, la société et la souffrance que vous percevez font tous partie de votre rêve. Ils n'ont pas de réalité en dehors de votre propre mental.

Si vous voyez un homme affamé dans votre rêve, vous pouvez lui préparer un repas de rêve et lui donner de la nourriture de rêve. Ça lui procurera un soulagement momentané. Si, au lieu de cela, vous vous réveillez, vous résolvez le problème définitivement parce que vous découvrez que l'homme affamé n'existait que dans le monde imaginaire de votre rêve.

Le monde est comme un reflet dans un miroir. Le monde que nous voyons n'est qu'un reflet de nos *gunas*, notre propre état mental. Nous voyons le reflet, oublions le miroir, et nous imaginons que nous regardons un monde réel, distinct de nous-mêmes.

Une énergie mentale émane continuellement de vous ; elle affecte tout et tout le monde autour de vous. Si vous êtes dans un état rajasique ou tamasique, votre état d'esprit malsain contamine le monde. Le *jnâni* qui est établi dans la réalité au-delà des *gunas* n'expérimente que paix et félicité continuelles. Lui seul peut aider les autres en émettant cette paix et cette félicité. Si vous essayez d'aider ce monde avec de l'activité physique, le bien que vous faites peut se trouver plus qu'annihilé par les vibrations mentales négatives que vous infligez au monde. Si vous purifiez votre mental, vous aidez automatiquement tout le monde, parce que chaque personne recevra une part curative et purifiante de votre propre pureté.

Une fourmi marche sur le plancher avec un grain de sucre sur le dos. Soudain un homme lui marche dessus et la tue. Terminé : mort instantanée. Nous sommes dans la même situation que la fourmi, car la mort peut venir à tout moment. On ne peut rien emporter avec soi quand on meurt, pas même son mental. Alors, pourquoi ne pas mourir au monde dès maintenant?

Le monde auquel vous êtes attaché n'est rien d'autre qu'un long rêve. Il se peut que vous ayez faim dans votre rêve, et puis vous vous réveillez et découvrez que vous souffrez d'indigestion parce que vous avez trop mangé la veille. Quelle réalité accordez-vous alors aux tiraillements d'estomac que vous aviez dans votre rêve?

Si vous voyez de la souffrance autour de vous, ce n'est que le reflet de votre propre souffrance intérieure. Si vous voulez soulager la souffrance, remontez à la cause première qui est votre souffrance intérieure. Immergez-vous dans le Soi. Mettez un terme au rêve de *mâyâ* et éveillez-vous au monde réel de *jnâna*. Vos idées sur le monde sont toutes fausses parce que vous en avez une perception erronée. Votre mental transforme ce que vous voyez de façon à vous faire croire qu'il y a un monde qui souffre hors de vous et séparé de vous. Si vous voulez vous débarrasser de ce monde qui souffre, vous devez éliminer les processus mentaux qui vous en donnent une perception erronée. Quand vous atteindrez l'état de *jnâna*, il n'y aura pas de perception erronée. Votre vision sera complètement claire. Vous saurez qu'il n'y a pas de souffrance ni de monde. Vous saurez que seul le Soi existe.

21

Q : Je médite beaucoup, mais la plupart de temps, il me semble ne pas obtenir de résultats. Quand je ne peux pas calmer mon mental, tout mon effort est-il perdu, ou bien portera-t-il fruit dans le futur?

A.S. : Le mental de la plupart des personnes est comme du bois mouillé : il a besoin d'une longue période de séchage avant de prendre feu. Tant que votre mental est fixé sur le Soi, il « sèche »; lorsqu'il est fixé sur le monde, il se « mouille » à nouveau. L'effort que vous fournissez pour garder votre mental tourné vers le Soi n'est jamais perdu. Il n'est perdu que lorsque votre intérêt se relâche et que vous retournez à vos vieilles habitudes mentales.

Ne vous inquiétez pas si vos efforts ne produisent pas de résultats immédiats. Tôt ou tard vous recevrez votre récompense.

Râmakrishna Paramahamsa raconta un jour une histoire. Deux *sâdhus* qui étaient des amis convinrent de faire ensemble un intense *tapas* pour obtenir le *darshan* de Kali. Ils avaient convenu à l'avance de se tuer tous les deux si elle ne leur apparaissait pas.

Leur *tapas* fut si intense qu'une nuit vers une heure du matin, la déesse Kali apparut devant eux. Un des *sâdhus* goûta la félicité d'avoir le *darshan* de la Déesse, mais l'autre perdit conscience et tomba dans le coma.

L'homme qui était resté éveillé s'inquiéta beaucoup au sujet de son ami inconscient et demanda à Kali : « Nous faisions tous les deux la même *sâdhanâ*, cependant, quand vous êtes venue nous donner le *darshan*, mon ami est devenu complètement inconscient et est entré dans le coma. Pourquoi cette injustice ?

Cela ne paraît pas équitable parce que nous avions fait tous les deux une même quantité de *tapas*. »

Kali répondit : « Vous vous êtes livrés à ce *tapas* pendant plusieurs vies. Dans le passé, vous avez perdu conscience, tout comme cet homme. Vous pouvez rester éveillé maintenant grâce à vos pratiques antérieures et parce que votre *karma* est fini. Votre ami a encore beaucoup de *karma* à expérimenter. Un jour, quand il l'aura épuisé, il aura la même expérience consciente que vous avez maintenant. »

Q : Quand j'ai commencé à méditer, j'avais un intense désir de libération. Cette période a duré trois à quatre ans. Au cours des douze derniers mois, mon enthousiasme a décliné. Maintenant j'ai l'impression d'être de plus en plus satisfait de ma vie dans ce monde.

A.S. : La satisfaction qui provient du monde extérieur est passagère. À la mort, tout cela sera perdu. La vie humaine vous est donnée dans le seul but de réaliser le Soi. Si vous mourez sans avoir réalisé le Soi, vous aurez gâché votre vie. La mort peut survenir n'importe quand. Je vous dis cela de manière à ce que vous ayez conscience de votre propre mort. Si vous êtes constamment conscient du fait que vous pouvez mourir à tout moment, votre enthousiasme va augmenter. Essayez de cultiver cette conscience et voyez si cela fait une différence dans votre *sâdhanâ*.

Q : Vous dites parfois que nous devrions aimer tout le monde également ; que nous devrions donner de l'amour au monde entier. Pour moi, l'amour est quelque chose qui arrive, comme ça. Je ne peux pas le fabriquer et le distribuer. Si j'éprouve de l'amour pour quelqu'un, l'amour s'écoule vers cette personne. Si je n'éprouve pas d'amour, cela ne se passe pas et je ne peux pas faire que cela se passe. Comment puis-je apprendre à aimer des gens que je connais à peine ? Et quand j'aurai appris cela, comment apprendre à aimer les milliers d'étrangers que je n'ai jamais rencontrés et que je ne rencontrerai jamais ?

A.S. : Vous pouvez commencer par les gens que vous connaissez. Bhagavan enseignait par l'exemple que nous ne devrions voir que le bien chez les autres. Pratiquement tout le monde est un mélange de bien et de mal. Il est rare de trouver quelqu'un qui soit complètement bon ou complètement mauvais. Si vous devez être en contact avec beaucoup de gens, essayez de prendre conscience de leurs bons côtés et ne vous arrêtez pas sur leurs mauvais côtés. Si vous voyez le bien dans les autres, l'énergie qui irradie de vous est harmonie et tendresse. Ceux qui vous entourent en retirent une inspiration qui les grandit. Si vous réussissez à garder cette habitude, cette énergie se transformera bientôt en un continuel flot d'amour.

Essayez d'avoir tout le temps conscience que tout ce que vous voyez et percevez est le Soi. Si vous voyez le Soi dans les autres, votre amour s'écoule automatiquement vers eux.

Vous ne gagnez rien à penser que quelqu'un est une mauvaise personne. Si des pensées négatives surviennent chaque fois que vous voyez une certaine personne ou y pensez, ces pensées vous éloignent du Soi. Essayez de faire en sorte que votre amour rayonne également vers tout le monde et non seulement vers quelques personnes. Essayez de ressentir que le monde entier est votre Soi, votre Dieu. Essayez de voir le Soi dans toutes les personnes. Répandez votre amour dans toutes les directions comme un acte d'adoration et d'abandon, parce que tout dans le monde est une manifestation de Dieu.

Q : Il est clair que les *vâsanas* ne sont pas détruites pendant le sommeil. Sont-elles détruites par le *nirvikalpa samâdhi*, ou bien cet état n'a-t-il aucun effet sur elles ?

A.S. : Bhagavan enseignait que nous devrions aspirer au *sahaja samâdhi*,[35] non au *nirvikalpa samâdhi*. Il disait qu'il n'est pas nécessaire d'expérimenter le *nirvikalpa samâdhi* avant de goûter au *sahaja samâdhi*.

Une forme de *nirvikalpa samâdhi* est comme *laya*, comme le sommeil profond. Il y a paix tant que le *samâdhi* dure, mais quand l'expérience est terminée, le mental fait son apparition et les *vâsanas* sont tout aussi actives qu'auparavant.

Laya [suspension temporaire de toutes les facultés mentales dans un état ressemblant à une transe] est pratiquement identique au sommeil. L'expérience de cet état n'est pas utile pour votre *sâdhanâ*. *Laya* n'est

---

35. *Nirvikalpa* signifie « pas de différences ». Dans le *nirvikalpa samâdhi*, le mental disparaît complètement, faisant place à une expérience temporaire du Soi, sans la médiation de la pensée « Je ». Dans cet état, nous ne sommes capables ni de pensée ni d'action parce que l'on n'a conscience ni du corps ni du monde. Dans le *sahaja samâdhi* (*sahaja* signifie « naturel ») le mental a été définitivement détruit. C'est la conscience du Soi permanente, combinée avec la capacité de fonctionner normalement dans le monde. Le *sahaja samâdhi* est l'état du *jnâni*.

pas méditation, mais inconscience ; c'est *tamoguna* sous une forme très puissante. La méditation requiert un mental éveillé, et non un mental inconscient. Le sommeil et *laya* renforcent l'identification au mental. Vous pouvez ressentir un peu de paix pendant *laya*, mais quand vous vous réveillez de cet état, le mental redevient très actif et la paix est entièrement perdue.

Dans la paix du Soi, il n'y a pas de *vâsanas*. Si vous pouvez vous établir dans le Soi, toutes les *vâsanas* seront détruites. Soyez le spectateur des *vâsanas* quand elles surviennent, mais ne vous identifiez pas à elles, et n'agissez pas sur elles. Si vous voulez vous débarrasser de vos *vâsanas*, vous devez pratiquer la non-implication.

Si vous sentez que vous vous identifiez à une *vâsanâ* quand elle commence à apparaître, rappelez-vous : « Cette *vâsanâ* n'est pas moi » et retirez-vous dans le Soi. Si vous apprenez à ignorer vos *vâsanas* de cette façon, elles finiront par ne plus apparaître.

Q : Je médite depuis des années. Parfois quand je m'assieds, je ressens une grande énergie qui tour à tour redresse et arque mon torse. Je suis très conscient de cette force. Elle maintient mon attention sur le corps et fait qu'il m'est très difficile d'être conscient du Soi.

A.S. : Le mental et le corps sont tous les deux inertes. L'énergie ou la paix que vous expérimentez ne peuvent provenir que du Soi. Laissez tomber l'identification avec le corps. Ces expériences vous rendent trop conscient du corps. Soyez simplement conscient du Soi et essayez d'accorder aussi peu d'attention que possible au corps. Le Soi est énergie pure, puissance pure. Cramponnez-vous-y.

Q : L'énergie que l'on reçoit du Soi est-elle constante ou fluctuante ? Le corps ou le mental la gardent-ils en réserve d'une certaine façon ?

A.S. : Dans le sommeil profond, le mental et le corps se renouvellent. Au réveil, il y a un sentiment de force et de félicité, mais presque aussitôt les organes des sens entrent en action et les désirs surgissent. Quand cela se produit, l'énergie que vous avez accumulée pendant le sommeil se dissipe. Si vous parvenez à contrôler le mental et les sens de manière à ce que ni l'un ni l'autre ne succombe aux stimuli extérieurs, vous pouvez accumuler force et énergie dans le corps.

Bhagavan aimait raconter l'histoire du roi singe[36] boiteux qui avait perdu sa force et sa position. Il alla tout seul dans la forêt pendant quelques jours pour retrouver sa force. Quand il revint, il avait accumulé assez de

---

36. Ce singe, appelé Nondippayam, ce qui signifie « le garçon boiteux » en tamil, vivait sur la montagne quand Bhagavan vivait à Skandashram.

force et d'énergie pour reprendre la tête de sa tribu.

L'énergie augmente dans la solitude. Quand on est seul, il y a moins de chances qu'elle s'échappe par les *indriyas* [les cinq sens] et le mental.

Arunagirinatha, le fameux saint de Tiruvannamalai entonna une fois un chant qui dit : « Les sens sont des brigands qui volent l'énergie du Soi. »

Q : Est-ce qu'on ne peut pas faire quelque usage de cette énergie ? Qu'est-ce qu'on peut en faire ?

A.S. : La *shakti* est le Soi et le Soi est la *shakti*. Quand vous savez que vous n'êtes pas le corps ni le mental, comment pouvez-vous faire quoi que ce soit ? Dans cet état, il n'y a pas de « Je » qui vous pousse à agir. Dans cet état, tout se passe automatiquement.

L'eau d'un lac entretient de nombreuses formes de vie : poissons et plantes à l'intérieur ; arbres, plantes et animaux le long du rivage. Si vous êtes rempli de l'énergie du Soi, cette énergie s'écoule hors de vous et nourrit tout le monde autour de vous. Vous n'avez pas à diriger cette énergie vers l'extérieur. Si vous avez fait suffisamment de *tapas*, cette énergie se répandra d'elle-même.

La *shakti* est la *shânti* du Soi. Si vous faites du *tapas* et ne dissipez pas cette énergie en plaisirs sensuels, vous sentez l'énergie du Soi s'accumuler en vous. Vous pouvez aussi la sentir rayonner à l'extérieur vers les gens qui vous entourent. Vous ne perdez pas votre force quand elle rayonne naturellement de cette façon parce que l'énergie du Soi est infinie. Vous ne la perdez que si vous détournez votre attention du Soi et vous laissez aller à des excès mentaux et sensoriels inutiles.

22

Q : Est-ce que Swâmî préfère que l'on reste silencieux ?

A.S. : Si vous êtes silencieux, c'est bien. Mais si vous avez des doutes, il vaut mieux en parler et les éclaircir.

Q : Je pense que je commence maintenant à saisir ce qu'est le « Je suis ». Il semble que c'est quelque chose en arrière du corps, en arrière du mental et en arrière de la conscience du corps. Je pense que nous n'entrons pas automatiquement en relation avec ce « Je suis » parce que nous sentons que nous ne sommes pas consciemment familiarisés avec lui. Nous sommes habitués à diriger notre attention à l'extérieur plutôt qu'à l'intérieur. Nous pensons aux gens et aux choses parce que nous sommes attachés à eux, et pour aucune autre raison. Je commence seulement à comprendre combien il est difficile de renoncer à cette habitude.

A.S. : Laissez le mental aller partout où il veut aller. Vous n'avez pas à accorder de l'attention à tous ses vagabondages. Soyez simplement le Soi et ne vous occupez pas de toutes les activités du mental. Si vous adoptez cette attitude, les activités et les vagabondages du mental vont diminuer de plus en plus.

Si le mental vagabonde toute la journée, ce n'est que parce que vous vous identifiez à lui et accordez de l'attention à toutes ses activités. Si vous pouviez vous établir en tant que conscience seule, les pensées n'auraient plus d'énergie pour vous distraire. Quand vous n'avez pas d'intérêt pour les pensées, elles s'évanouissent aussitôt qu'elles apparaissent. Au lieu de s'attacher à d'autres pensées, qui en entraînent d'innombrables autres, elles ne font qu'apparaître pour une ou deux secondes, puis s'évanouissent. Nos *vâsanas* font surgir les pensées. Une fois qu'elles ont surgi, elles ne cessent de se répéter en série selon des schémas réguliers. Si vous avez des désirs ou des attachements, les pensées les concernant apparaîtront constamment dans le mental. Vous ne pouvez pas vous battre avec elles, parce qu'elles se nourrissent de l'attention que vous leur donnez. Si vous essayez de les réprimer, vous ne pouvez le faire qu'en leur accordant de l'attention. Ce faisant, vous vous identifiez avec le mental. Cette méthode ne marche jamais. Vous ne pouvez stopper le flot des pensées qu'en refusant de vous y intéresser.

Si vous demeurez dans la source, le Soi, vous pouvez facilement attraper chaque pensée à l'instant où elle surgit. Si vous ne les attrapez pas au moment où elles surgissent, elles germent, deviennent des plantes et, si vous les négligez encore, elles grandissent jusqu'à devenir de grands arbres. Habituellement, le *sâdhaka* inattentif n'attrape ses pensées que lorsqu'elles sont parvenues au stade de l'arbre.

Si vous pouvez être continuellement conscient de chaque pensée au moment où elle surgit, et si vous pouvez être assez indifférent à elle pour qu'elle ne germe ni ne fleurisse, vous êtes en passe d'échapper aux enchevêtrements du mental.

Q : Il est relativement facile de le faire pendant un moment, mais ensuite l'inattention prend le dessus et les arbres refleurissent.

A.S. : L'attention continue ne viendra que par une longue pratique. Si vous êtes vraiment sur vos gardes, chaque pensée se dissoudra dès son apparition. Mais pour atteindre ce niveau de dissociation, vous ne devez pas avoir d'attachements du tout. Si vous avez le plus petit intérêt pour une pensée particulière, elle échappera à votre attention, se liera à d'autres pensées, et s'emparera de votre mental pendant quelques secondes. Cela arrivera plus facilement si vous êtes habitué à réagir émotionnellement à une pensée particulière. Si une pensée particulière fait surgir en vous des émotions comme l'inquiétude, la colère, l'amour, la haine, ou la jalousie, ces réactions s'attacheront aux pensées qui s'élèvent et les renforceront. Ces réactions vous font perdre votre attention pendant une ou deux secondes. Ce genre de défaillances donne à la pensée plus qu'assez de temps pour croître et fleurir.

Vous devez être complètement impassible et détaché quand des pensées de ce genre apparaissent. Vos désirs et vos attachements ne sont que des réactions aux pensées qui apparaissent dans la conscience. Vous pouvez les conquérir tous les deux en ne réagissant pas aux nouvelles pensées qui s'élèvent.

Vous pouvez complètement transcender le mental en n'accordant pas d'attention à ses contenus. Et une fois que vous serez allé au-delà du mental, vous ne serez plus jamais perturbé par lui.

Après sa réalisation, le roi Janaka dit : « Maintenant j'ai trouvé le brigand qui me volait mon bonheur. Je ne lui permettrai plus de le faire. » Le voleur qui lui dérobait son bonheur était son mental.

Si vous êtes toujours attentif, les yeux ouverts, les voleurs ne peuvent pas entrer. Ils ne peuvent s'introduire que pendant que vous dormez et ronflez. De même, si vous êtes toujours vigilant, le mental ne peut pas vous tromper. Il ne prendra le pouvoir que si vous omettez de rester attentif aux pensées qui surviennent.

Q : C'est assez facile d'empêcher un voleur de s'introduire dans une maison. Il suffit de fermer la porte. Mais dans ce cas particulier, le voleur est déjà dedans. Il nous faut d'abord l'attraper et le jeter dehors. Ce n'est qu'alors que nous pourrons fermer la porte sans danger.

A.S. : Croire que ce voleur est quelque chose de réel, quelque chose qui doit être combattu et attrapé, c'est comme croire que votre ombre est une sorte d'intrus à combattre et à expulser. Si vous essayez de lever la main pour frapper votre ombre, elle va elle aussi lever la main pour vous frapper. Vous ne pouvez pas gagner un combat contre votre mental parce que dans tous vos combats vous ne ferez que boxer votre ombre. Vous ne pouvez pas mettre K.O. votre ombre en la frappant parce que vous frappez dans le vide. L'ombre va continuer à danser dans tous les sens aussi longtemps que vous continuerez à danser dans tous les sens en essayant de la frapper. Il n'y a pas de vainqueurs dans des combats de ce genre, seulement des perdants frustrés. Si vous partez de l'hypothèse que le mental est réel et que vous devez le combattre et le contrôler en agissant sur vos pensées d'une certaine façon, le mental ne s'affaiblira pas, mais se renforcera. Si une *sâdhanâ* présuppose que le mental est réel, la pratique de cette *sâdhanâ* perpétue le mental au lieu de l'éliminer.

L'ego est tout à fait comme un esprit. Il n'a pas de véritable forme propre. Si vous voyez ce qu'est réellement l'ego par l'investigation : « Qui suis-je ? » il s'enfuit sans demander son reste. Le mental n'a ni substance ni forme. Il n'existe que dans l'imagination. Si vous voulez vous débarrasser de quelque chose qui est imaginaire, tout ce que vous avez à faire c'est cesser de l'imaginer. Ou bien, si vous pouvez être continuellement conscient que le mental et toutes ses créations n'existent que dans votre imagination, elles cesseront de vous tromper et vous cesserez d'être importuné par elles. Par exemple, si un magicien crée un tigre, vous n'avez pas besoin d'en avoir peur parce que vous savez qu'il essaye seulement de vous faire croire que le tigre est réel et dangereux. Si vous ne croyez pas que le tigre est réel ou dangereux, vous n'avez pas peur.

Quand le cinéma fut introduit ici, certains villageois prenaient peur quand ils voyaient des choses telles que du feu sur l'écran. Ils s'enfuyaient parce qu'ils croyaient que le feu allait se répandre et détruire la salle. Quand vous savez que tout ce qui se passe ne fait qu'apparaître sur l'écran de la conscience, et que vous êtes vous-même l'écran sur lequel tout cela apparaît, rien ne peut vous toucher, vous blesser ou vous effrayer.

Les gens qui croient à la réalité du monde ne valent pas mieux que ceux qui construisent des barrages pour retenir l'eau qu'ils voient dans un mirage.

Q : Parfois tout est si clair et paisible. Il y a des fois où il est facile de regarder les mécanismes du mental et de voir que ce que dit Swâmî est vrai. À d'autres moments, en dépit de nos efforts, il n'y a pas moyen de produire la moindre impression sur notre mental chaotique.

A.S. : Chaque fois que vous êtes dans un état méditatif, tout est clair. Puis les *vâsanas* qui étaient d'abord cachées dans le mental font leur apparition et recouvrent cette clarté. Il n'y a pas de solution facile à ce problème. Il vous faut continuer tout le temps l'investigation « À qui cela arrive-t-il ? » Si vous avez des difficultés, rappelez-vous : « Ceci se passe uniquement à la surface de mon mental. Je ne suis pas ce mental ni les pensées errantes. » Puis retournez à l'investigation « Qui suis-je ? » En le faisant, vous pénétrez de plus en plus profondément et vous vous détachez du mental. Ceci n'arrivera qu'une fois que vous aurez fait un intense effort.

Si vous avez déjà un peu de clarté et de paix, quand vous faites l'investigation « Qui suis-je », le mental s'enfonce dans le Soi et se dissout, ne laissant derrière lui que la conscience subjective « Je-Je ». Bhagavan m'a expliqué tout cela en grand détail quand j'allais pour son *darshan* entre 1938 et 1942.

Q : Cela devait être merveilleux d'avoir un Gourou d'une telle stature pour vous guider. Où peut-on trouver une telle personne aujourd'hui ?

A.S. : Il est difficile pour la plupart des gens de trouver un Gourou qualifié parce que les gens ordinaires ne peuvent pas savoir qui a réalisé le Soi. Bhagavan me raconta une fois une histoire qui illustre très bien ce fait :

« Il y a plusieurs siècles, il y avait un *jnâni* à Shrîrangam, une ville proche de Trichy. Chaque jour, ce *jnâni* se rendait à la Rivière Cauvery pour y prendre un bain. Quand il se mettait en chemin, il posait ses mains sur les épaules de deux de ses dévots pour y prendre appui. Il n'aimait pas les toucher directement, aussi mettait-il des tissus de soie sur les épaules des dévots. Chaque jour, il marchait ainsi 1 km jusqu'à la rivière pour prendre un bain. Pour le retour, il prenait appui de la même façon.

« Un jour, ce *jnâni* et ses disciples étaient en chemin vers la rivière, comme d'habitude. Au loin, ils virent un *shudra* [un membre de la caste la plus basse] se promenant avec sa superbe épouse. Tous les deux semblaient se rendre à une fête qui avait lieu de l'autre côté de la rivière. Comme le soleil était ardent, la femme ne pouvait pas marcher sur le sable brûlant. L'homme l'aidait en mettant l'un de ses *dhôtis* sur le sable afin qu'elle marche dessus. Quand elle atteignait la fin du *dhôti*, il mettait un autre *dhôti* sur le sable et ramassait le premier. De cette façon, elle pouvait marcher sans se brûler les pieds. Les disciples du *jnâni* observaient tout cela et firent des commentaires à ce sujet au Gourou.

« "Regardez quel grand attachement cet homme a pour sa femme ! Il pose ses *dhôtis* sur le sol un par un dans le seul but de rafraîchir le chemin pour elle."

« Sur le chemin de la rivière, le couple et le *jnâni* se rencontrèrent.

« Avec grande curiosité, le Gourou demanda à l'homme : "Je n'ai jamais vu aucun mari traiter sa femme comme cela. Pourquoi vous comportez-vous de cette façon ?"

« L'homme répondit : "Elle est mon Dieu. Le simple fait de la regarder dans les yeux me rend très heureux. Quand je regarde ses joues, son visage ou n'importe quelle autre partie de son corps, je me sens toujours très heureux. Elle porte aussi beaucoup de parures en or qui la font paraître encore plus belle. Même son nom est Ponni [*pon* signifie 'or' en tamil]. Quand je regarde sa beauté et tout cet or, je me sens formidablement heureux. Elle est vraiment comme une déesse pour moi."

« Le Gourou lui dit : "Vous vous êtes laissé tromper par l'apparence du corps. Qu'y a-t-il dans les yeux ? Rien que de l'eau et de la peau. Qu'y a-t-il dans le corps ? Rien que du sang, de la chair et des os. Vous vous êtes laissé tromper par l'apparence du corps. Je n'ai jamais vu un homme recouvert d'autant d'illusion [*mâyâ*].'"

« Puis le Gourou continua : "Seuls les chiens aiment la chair et les os. Tout comme ces animaux, vous convoitez très avidement des morceaux de viande. Dans le futur, quand elle sera affectée par quelque grave maladie, sa beauté s'en ira. Quand elle mourra, il n'y aura plus ni corps ni beauté. Pourquoi donc êtes-vous si attaché à ce corps périssable ? Ce n'est pas le but d'une naissance humaine. Au lieu de perdre votre temps à rendre un culte à ce corps, essayez de réaliser ce qui est immortel, le Soi. C'est le seul but de l'existence humaine."

« Le mental de cet homme était prêt pour les enseignements sur le Soi. Quand il entendit les paroles du Gourou, il décida de les mettre immédiatement en pratique.

« Il dit à sa femme : "Toi, va ton chemin. Désormais, je me joindrai à ce Gourou."

« Il se joignit au Gourou et la femme rentra chez elle pour y vivre seule.

« Le mari suivit le Gourou à son ashram. C'était un grand ashram avec beaucoup de bâtiments. Le Gourou avait besoin d'un homme qui pût rester éveillé toute la nuit pour surveiller l'ashram. Aussi ce nouveau dévot devint-il le gardien de nuit. Son nom était Villi.

« Il devint bientôt un très bon dévot. Tout ce que le Gourou lui disait de faire, il le faisait immédiatement, avec humilité et amour. À cause de cette attitude, le Gourou en vint à avoir beaucoup d'amour pour lui. Les autres disciples qui étaient tous brahmanes commencèrent à devenir jaloux de Villi.

« "Cet homme est venu après nous", se disaient-ils les uns aux autres. "C'est un *shudra*, pas un brahmane, mais notre Gourou semble avoir beaucoup d'amour pour lui."

« La jalousie de ces disciples grandissait de jour en jour. Finalement, ils décidèrent de prétendre que Villi avait commis un délit pour obliger le Gourou à le renvoyer.

« Le Gourou savait ce qui se passait dans la tête de ces disciples. Aussi décida-t-il de leur jouer un tour. Un jour, les dévots brahmanes lavèrent leurs vêtements, les mirent à sécher, puis allèrent dormir. Pendant qu'ils dormaient, le Gourou prit tous les habits et les cacha.

« Quand les disciples se réveillèrent et virent que tous leurs habits avaient disparu, ils vinrent dire au Gourou : "Ce Villi a volé tous nos habits. Vous devriez le renvoyer de l'ashram."

« Le Gourou appela Villi et lui dit : "Tous ces gens sont contre vous. Que puis-je faire ? Rentrez chez vous et méditez sur le Soi là-bas. Le Soi est sans limites. Il est partout. Vous pouvez pratiquer cette méditation à la maison. Vous n'avez pas besoin de rester ici pour le faire."

« Villi rentra chez lui sans se plaindre le moins du monde. Il obéit aux paroles du Gourou et passa son temps à méditer sur le Soi. Il n'avait plus du tout d'attachement pour le monde ou pour sa femme. Il restait assis la plus grande partie de la journée et méditait.

« Un jour, Villi se rendait à la rivière lorsque survint son Gourou qui y venait pour son bain habituel. Le Gourou ne put cacher son amour pour son disciple. Il alla à la rencontre de Villi, l'embrassa et lui demanda comment il allait.

« En voyant cela, les disciples brahmanes devinrent de nouveau fort jaloux.

« "Quelle sorte de Gourou est-ce là ?" dirent-ils. "Il agit avec tant de partialité. Il ne veut pas toucher nos corps — il met des tissus de soie entre ses mains et nos épaules — mais il est allé embrasser cet homme. Cet homme est un *shudra* qui mange probablement de la viande. Il vit même avec sa femme. Comment notre Gourou peut-il traiter comme cela un homme aussi vil ?"

« Quand le Gourou revint vers eux, ils lui demandèrent pourquoi il s'était comporté ainsi. Ils se plaignirent même à lui de sa partialité.

« En réponse, pour prouver la pureté de Villi, le Gourou suggéra à ses disciples de lui jouer un tour.

« Le Gourou leur dit : "Cette nuit, allez chez Villi et volez toutes les parures en or que sa femme porte sur elle."

« Les disciples commencèrent par objecter : "Non ! Non ! Nous ne pouvons pas faire cela. Voler est un péché."

« Le Gourou leur dit : « Je vous l'ordonne. Vous devez donc le faire."

« Les disciples acceptèrent à contrecœur d'exécuter l'ordre. Au milieu de la nuit, ils pénétrèrent dans la maison de Villi. Villi dormait dans une des chambres et sa femme dormait près de lui, couchée sur le côté. Les disciples prirent précautionneusement les parures de la main qui était dégagée.

« Pendant qu'ils essayaient d'enlever les parures de l'autre main, la femme se réveilla et commença à crier : "Aux voleurs ! Aux voleurs !" Les disciples s'enfuirent avec tout l'or qu'ils avaient réussi à prendre, le remirent au

Gourou et lui racontèrent ce qui s'était passé.

« Pendant ce temps. Villi se réveilla et vit que sa femme pleurait et criait : "Aux voleurs ! Aux voleurs !"

« Au lieu de lui témoigner de la compassion, il lui dit : "Tu es une mauvaise femme ! Tu as trop d'attachement pour ton or ! Désormais, je ne prendrai plus de nourriture de tes mains. Si je prends de la nourriture d'une telle femme, si attachée à l'or, ma méditation en sera affectée. Qu'est-ce que cela peut bien faire si des brigands ont volé ton or ? Tu ne devrais pas y être aussi attachée. Désormais, cuisine ta nourriture à un endroit, je cuisinerai la mienne ailleurs. À partir de demain, nous vivrons séparément.

« À dater de ce jour-là, ils vécurent tous les deux séparément dans la même maison. La femme fut naturellement très fâchée du traitement qui lui était infligé. Elle se plaignit aux voisins et aux femmes qui venaient chercher de l'eau au puits. Elle alla même se plaindre au Gourou.

« "Je n'ai fait aucun mal," répétait-elle. "Je n'ai jamais commis de fautes. J'ai seulement crié 'Au voleur ! Au voleur !' quand des voleurs se sont introduits chez nous et ont volé tout mon or. Mon mari m'a puni pour cela. Maintenant il cuisine sa propre nourriture et la mange tout seul. Il ne veut même pas me parler. Nulle part au monde, on ne saurait trouver un aussi piètre mari !"

« Le Gourou demanda à ses disciples d'aller voir ce qui se passait dans la maison de Villi. Ils allèrent au village et entendirent les femmes bavarder au sujet de Villi et de sa femme. Puis ils retournèrent auprès du Gourou et lui rapportèrent ce que les femmes disaient.

« Le Gourou dit : "Villi vit apparemment dans le *samsâra*, mais il n'a pas d'attachement pour l'or ou l'argent. Il n'est même pas attaché à sa femme. C'est pourquoi j'ai ressenti tant d'amour pour lui quand je l'ai vu près de la rivière. Maintenant, après avoir vu comment il vit, vous pouvez comprendre. Vous vivez comme des brahmanes, comme des *brahmachâris*, mais vous n'avez pas encore atteint cet état de détachement. Villi vit maintenant dans l'état *sahaja* [l'état naturel de réalisation du Soi].

« Après que Villi eut atteint l'état de *jnâna*, beaucoup de visiteurs commencèrent à venir le voir. Il vivait simplement dans une hutte et enseignait la voie de *jnâna*. Après quelque temps, on construisit un petit village autour de lui, pour loger les visiteurs et les dévots. On appela le village Villiputtur. Il existe encore aujourd'hui. Villi fut finalement connu en tant que Villiputtur Alvar et il est maintenant révéré comme l'un des plus grands saints vaishnavites. »

Ainsi, qui peut savoir qui est un *jnâni* et qui ne l'est pas ? Ces disciples *brahmachâris* avaient passé des années à méditer avec un *jnâni* et à le servir, mais ils ne furent pas à même de reconnaître la grandeur de Villi avant que le Gourou ne la leur montre. On doit avoir un mental pur et un bon *karma* pour trouver un Gourou et le reconnaître.

Bhagavan raconta une fois cette histoire dans le vieux Hall. Après qu'il eut finit de parler, un des serviteurs alluma la radio. Le présentateur dit aussitôt : « Nous allons maintenant entendre l'histoire de Villiputtur Alvar. » Et l'homme qui raconta l'histoire à la radio la raconta exactement comme Bhagavan l'avait fait.

Quand l'histoire fut terminée, le narrateur dit : « *Namaskâram* à tous. »

Bhagavan fit cette remarque : « S'il dit "*Namaskâram* à tous", il s'inclut lui aussi. »

J'ai entendu Bhagavan raconter cette histoire à une autre occasion. Je m'apprêtais à quitter le Hall quand Bhagavan intervint et me demanda de rester. Puis il raconta cette histoire en entier. À cause de cette intervention [me demandant de rester], j'avais l'impression qu'il racontait l'histoire spécialement pour moi. Je pense que Bhagavan voulait me faire clairement comprendre que l'on ne peut progresser sur la voie spirituelle que si l'on est prêt à renoncer à tous ses attachements.

23

Q : À plusieurs reprises, j'ai entendu Swâmî raconter des histoires évoquant le temps qu'il a passé avec Bhagavan. Chaque fois que je les entends, je suis toujours impressionné par l'immense foi que Swâmî avait en Bhagavan. Il me semble, quand j'écoute ces histoires, que c'est cette foi qui a permis à Swâmî de s'abandonner si totalement.

A.S. : La grâce du Gourou et le fait de vivre près de lui m'ont donné la confiance et la foi pour m'abandonner.

Q : Votre foi était si grande que je me suis surprise à pleurer tandis que j'écoutais certaines des histoires. J'étais si touchée par elles.

A.S. : Maintenant que vous parlez d'abandon, cela me rappelle soudain un incident qui eut lieu à l'ashram et qui me donna l'occasion de m'abandonner à Bhagavan. Un jour, tôt le matin, Bhagavan coupait des fleurs de bananier à la cuisine. Quand on les coupe, les fleurs de bananier laissent échapper une substance noire semblable à de la glu, qui colle aux doigts. Pour enlever cette glu, Bhagavan s'était frotté du tamarin dans les mains. Puis, pour quelque raison, il décida d'aller faire une promenade au pied de la montagne. Je le rencontrai, vers sept heures du matin, tout près de la porte arrière de l'ashram. Bhagavan remarqua que j'avais un *kamandalu* [pot à eau] à la main et me demanda de verser de l'eau dans ses mains de manière à ce qu'il puisse en enlever les restes de tamarin.

Pensant que c'était une bonne occasion de m'offrir à Bhagavan, je me dis, tandis que je versais un peu d'eau dans ses mains : « J'abandonne mon corps, mon mental et mon âme au Gourou. »

Bhagavan sourit et fit signe d'un geste qu'il avait besoin de plus d'eau.

J'en versai un peu plus, répétant la même pensée : « J'abandonne mon corps, mon mental et mon âme au Gourou. »

Bhagavan n'était toujours pas satisfait de mon offre.

« Encore ! » dit-il.

Pour la troisième fois, je versai l'eau et répétai la même phrase.

Après que je lui en eus versé pour la troisième fois et que je lui eus fait ma troisième offre d'abandon, Bhagavan me regarda et dit : « Assez. » J'eus le sentiment que mon offre d'abandon avait été acceptée.

Je fus motivé à agir ainsi par une histoire que j'avais lue. L'avatar Vâmana demanda une fois au Roi Mahâbali de s'abandonner à lui. En témoignage de cet abandon, il demanda au Roi Mahâbali de verser de l'eau trois fois.

Sukharâcharya, le Gourou du Roi Mahâbali, le prévint à l'avance : « Si vous vous abandonnez ainsi, Vishnou vous prendra tout. Il prendra votre royaume ainsi que tout ce que vous possédez.

Mahâbali qui était déterminé à s'abandonner refusa d'écouter. Il commença à verser l'eau de son *kamandalu*.

Sukharâcharya, son Gourou, avait beaucoup de *siddhis*. Il prit la forme d'une grosse abeille, entra dans le bec du *kamandalu* du roi et retint le flot d'eau avec son corps. Vâmana savait ce qu'il essayait de faire. Aussi enfonça-t-il un bâtonnet dans le bec du *kamandalu*. Le bâtonnet atteignit Sukharâcharya à la tête de telle manière qu'il devint borgne.

Le roi Mahâbali versa alors de l'eau trois fois et abandonna son mental, son âme, son royaume et toutes ses possessions à Vâmana.

Quand Bhagavan me demanda de verser de l'eau, je me souvins de cette histoire. Bhagavan doit avoir eu conscience de mes pensées parce qu'il m'aida à reproduire l'histoire en me demandant trois fois de verser de l'eau.

Dans l'histoire originale, le Roi Mahâbali s'abandonna si complètement qu'il atteignit *jnâna* sur le champ. Comme le Roi Janaka,[37] il était prêt et désireux de renoncer à tout ce qu'il avait en un seul acte d'abandon.

---

[37] Dans une histoire similaire dans le *Yoga Vâsishtha*, le Roi Janaka abandonna tout ce qu'il avait au sage Ashtâvakra et réalisa le Soi. Il fit son offre d'abandon alors qu'il grimpait sur un cheval et réalisa le Soi avant d'avoir chaussé le second étrier.

Si l'on a atteint ce degré de maturité spirituelle, on peut atteindre *jnâna* par un seul acte d'abandon.

Q : L'abandon est une attitude mentale. Quand nous sommes assis en face du Gourou, elle est relativement facile parce qu'il y a une constante conscience de sa forme. Mais comment peut-on s'abandonner si l'on est à une très grande distance de lui ?

A.S. : Bhagavan lui-même enseignait que si l'on pratique ses enseignements et que l'on se souvient de sa forme, on est en contact avec lui où que l'on soit. Si l'occasion s'est présentée à nous de nous abandonner au Gourou, la distance physique n'a pas d'importance. En fait, si notre foi est grande et si notre pratique est continue, il est parfois plus facile d'avoir un meilleur contact en étant éloigné.

Q : Ce contact, est-ce quelque chose de physique ? Ce sentiment, cette relation entre le Gourou et soi-même, ne le sentons-nous que dans le Cœur, ou bien est-il aussi dans le mental ?

A.S. : Le contact par le Cœur est le meilleur. Mais si vous pratiquez bien, vous pouvez aussi le sentir dans le mental.

Q : Je pose ces questions parce qu'en ce moment j'essaye avec mon mental de ressentir de l'amour et de la dévotion envers ce « Je suis » que je sens être la vraie forme de Bhagavan. Mais c'est quelque chose de très difficile à faire. Je n'éprouve aucun plaisir à le faire. C'est une lutte perpétuelle. Est-ce que je m'y prends mal ?

A.S. : Si vous pouvez concentrer votre mental sur ce « Je suis », vous n'avez pas besoin de faire quoi que ce soit d'autre. Vous n'avez pas à cultiver une attitude particulière envers lui. Si vous gardez votre attention sur lui, il finira par vous révéler tous ses secrets.

Si vous concentrez votre mental sur ce « Je suis », cette conscience immanente, et si vous pouvez vous y établir pour un certain temps, vous commencerez à expérimenter la paix. Quand les processus de pensée ne sont pas présents, même pour un moment, on reçoit beaucoup d'énergie spirituelle. Quand surviennent cette énergie et ce sentiment de paix, on gagne en confiance et en enthousiasme. Quand on a expérimenté un peu de la paix et de la félicité du Soi, on ressent toujours le besoin de retourner en goûter davantage. Une fois que cet enthousiasme et cette détermination se sont emparés de nous, le sentiment de lutter sans succès diminue graduellement.

Q : Je sais que la paix finira par venir, mais en ce moment, je dois faire de gros efforts pour en obtenir ne serait-ce qu'un petit aperçu.

A.S. : Râmakrishna Paramahamsa raconta une fois cette histoire :

« Un *jnâni* avait fait beaucoup de *tapas* dans une jungle. Un jour, il sortit de la jungle et rencontra un pauvre homme qui portait un fagot de bois. Le bûcheron vit que le *jnâni* rayonnait de paix et de félicité.

« "Swâmî, demanda-t-il, vous avez l'air si heureux. Il n'y a pas trace d'inquiétude sur tout votre visage. Vous êtes de toute évidence un grand homme. S'il vous plaît, montrez-moi un moyen de devenir riche. Je suis très pauvre. Je gagne à peine ma vie en coupant ce bois et en le vendant en ville. Comme je dois beaucoup me battre pour survivre, je suis souvent très frustré par ce mode de vie."

« Le *jnâni* lui demanda : "Où coupez-vous ce bois ?" et l'homme répondit : "Juste à l'orée de la forêt."

« Le *jnâni* lui dit : "Demain, allez plus à l'intérieur et voyez ce que vous y trouverez."

« Le lendemain, le bûcheron pénétra plus que d'habitude dans la jungle et trouva des santals blancs. Il coupa ces arbres, les vendit au marché, et se fit beaucoup d'argent. Mais n'étant pas satisfait avec cet argent, il revint voir le *jnâni* et lui demanda comment il pouvait en gagner encore davantage.

« Le *jnâni* répéta son conseil initial : "Pénétrez plus avant dans la jungle."

« Le lendemain, le bûcheron alla loin dans la jungle et trouva quantité de récipients en cuivre que quelqu'un avait abandonnés là.

« Il se dit : "Il semble que plus je pénètre profondément dans cette forêt, plus je trouve de richesses. Je vais laisser ce cuivre et aller un peu plus loin."

« Au milieu de la forêt, il trouva de l'or et devint un homme riche. »

Je vous raconte cette histoire pour montrer que lorsque nous désirons nous défaire de tous les ennuis que nous cause l'identification au corps, nous avons la possibilité d'aller à l'intérieur, vers le Soi. Au lieu de peiner et de souffrir dans le mental, qui est la lisière extérieure de la conscience, nous devrions nous diriger vers le Soi, le centre de notre être.

Quand nous commençons à nous diriger vers l'intérieur, nous expérimentons la paix et la félicité du Soi sous une forme très diluée. Plus nous allons de l'avant, plus l'expérience est forte. Finalement, vient un moment où nous ne voulons plus du tout quitter cette expérience. Au lieu de cela, nous ressentons un continuel et pressant besoin de pénétrer toujours plus profondément dans le Soi. Quand vous perdrez tous désirs et attachements, l'or pur du Soi se révélera à vous. Dans cet état final, on n'expérimente pas la paix et la félicité : on *est* cette paix et cette félicité. Dans cet état, on est l'égal de Shiva.

Vous dites que vous devez faire un gros effort pour expérimenter même un peu de paix. Ne vous en inquiétez pas. Tôt ou tard, vos efforts paieront. Si vous persévérez, cette paix et cette félicité viendront sans que vous ne les sollicitiez. Si vous renoncez à votre attachement à toutes les pensées, sauf la pensée du Soi, vous vous verrez attiré automatiquement dans la paix du Soi. Si vous pratiquez intensément et correctement, vous découvrirez que l'expérience de cette paix est de nature telle qu'on en devient dépendant. Quand cela arrivera, vous perdrez tout intérêt pour toute chose, hormis le Soi.

24

Q : La relation entre le Gourou et le disciple est-elle une relation réelle ou une relation *mâyâ* ? Si c'est une relation *mâyâ*, comment peut-elle nous aider à transcender *mâyâ* ?

A.S. : Bhagavan donnait comme exemple l'histoire d'un éléphant qui rêvait qu'il était attaqué par un lion. Le choc de voir le lion dans le rêve était suffisant pour réveiller l'éléphant. Le Gourou, selon Bhagavan, est le lion rugissant qui apparaît dans notre rêve *mâyâ* et nous choque tant que nous nous réveillons en *jnâna*. Pendant que le rêve se déroule, le lion est très réel pour nous, mais quand nous nous réveillons, il n'y a plus de lion ni de rêve. Dans l'état de *jnâna* nous prenons conscience qu'il n'y avait ni Gourou ni disciple ; il n'y a que le Soi.

Mais nous ne devrions pas avoir cette attitude avant la réalisation. Pendant que nous sommes encore pris au piège de *mâyâ*, nous devons accepter la relation Gourou-disciple comme étant réelle parce qu'elle nous procure le seul moyen de transcender toutes les fausses idées que nous avons de nous-mêmes. Même si nous pouvons savoir intellectuellement que tout est un, nous devrions révérer la forme du Gourou parce que seule sa grâce peut dissoudre notre ignorance. Nous devrions toujours respecter le Gourou et ses enseignements. Nous ne pouvons pas le faire si nous commençons à le traiter comme une personne ordinaire, non différente des autres manifestations du Soi. Le respect du Gourou et la foi en ses enseignements sont essentiels pour tous ceux qui veulent faire des progrès.

Le Gourou extérieur apparaît pour nous parler de la réalité du Soi, qui est le Gourou intérieur. Avec notre vision défectueuse, nous ne pouvons pas voir ni expérimenter par nous-mêmes que cela est vrai. Le Gourou intérieur nous attire vers le Soi et nous y établit. Le Gourou intérieur attend toujours pour accomplir cette fonction, mais il ne peut pas commencer tant que nous n'avons pas tourné notre attention vers lui.

C'est le Gourou extérieur qui nous dit : « Tournez-vous vers l'intérieur. Portez votre attention sur le Gourou intérieur et laissez-le vous ramener dans votre source. »

En plus de nous donner ces instructions, le Gourou extérieur nous transmet sa grâce, nettoie notre mental, et le pousse vers le Gourou intérieur, le Soi.

Tous les Gourous sont le Soi. Tous les Gourous sont sans forme. Et, au bout du compte, tous les Gourous sont un seul et même Gourou. Les formes extérieures du Gourou peuvent apparaître différemment à différentes personnes, mais il n'y a en réalité qu'un seul Gourou et ce Gourou est le Soi. Quand nous atteignons la maturité spirituelle, le Soi se manifeste à nous sous la forme d'un Gourou de manière à nous aider à faire des progrès dans notre *sâdhanâ*.

La relation avec le Gourou extérieur dure aussi longtemps que nécessaire. Elle dure jusqu'à ce que le *shishya* [disciple] sache par expérience directe que seul le Soi existe. Dans mon cas, vint le temps où il ne me fut plus possible d'être physiquement en compagnie du Gourou. Bhagavan me sevra de la relation physique parce qu'il voulait que je sois conscient de lui tel qu'il est réellement. Quand on passe ses examens à l'école, on est promu dans la classe supérieure. On ne peut pas retourner dans la même classe. J'en avais terminé avec la classe où l'on regarde Bhagavan comme une forme et en vins à le regarder comme le Soi sans forme. Après cela, je n'eus plus jamais l'occasion d'avoir à nouveau une relation avec la forme physique de Bhagavan.

D'autres disciples furent traités différemment. Le Gourou ne donne pas le même traitement à tous. Il regarde la maturité et les préférences de chaque disciple et donne une *sâdhanâ* appropriée à chacun. Par exemple, Bhagavan encourageait certains de ses dévots à chanter des chants dévotionnels parce que c'était une voie appropriée pour eux. Quant à moi, il m'encouragea à être conscient du Soi sans forme.

Quand un veau est très jeune, sa mère lui donne du lait chaque fois qu'il a faim. Mais après qu'il a appris à manger de l'herbe, sa mère lui donne un coup chaque fois qu'il essaye à nouveau de boire du lait. Après que j'eus appris à établir le contact avec le Soi sans forme, Bhagavan me donna un coup quand j'essayai encore de boire la grâce de sa forme physique. Il voulait me sevrer de sa forme. Il voulait que je reçoive toute ma nourriture spirituelle du Soi sans forme.

On ne devrait pas quitter le Gourou pensant que l'on a tout appris de lui. C'est une attitude très arrogante. On ne devrait quitter le Gourou que s'il nous dit de partir. Jusqu'alors, il nous faut rester et apprendre nos leçons de lui.

Chacun de nous rencontrera une forme différente de Gourou. La forme que nous rencontrons dépend de notre degré de maturité spirituelle. Chaque Gourou donne des enseignements différents, et souvent un même Gourou donne des enseignements différents à différents disciples. C'est une question de maturité et de tempérament. Les disciples des classes de jardin d'enfants ont des leçons de jardin d'enfants tandis que les disciples des classes de collège reçoivent des enseignements du niveau du collège. Et dans chaque classe, il y a des leçons différentes pour chaque disciple. Certains peuvent recevoir l'instruction de suivre une voie *bhakti* tandis que d'autres peuvent recevoir l'instruction de pratiquer la méditation sur le Soi.

Les nombreuses voies différentes qui sont enseignées ne sont en fait que des préparations pour la voie de Bhagavan. En fin de compte, on doit apprendre à demeurer dans le Soi par la méditation sur le Soi, par l'investigation du Soi ou par l'abandon total. Malheureusement, il y a peu de gens qui sont spirituellement assez mûrs pour suivre les enseignements les plus élevés de Bhagavan. La plupart des gens doivent suivre d'autres voies avant d'être prêts pour la voie ultime.

Votre question initiale était: « La relation Gourou-disciple est-elle réelle? » Du point de vue du Soi, on devrait dire que tout cela est *mâyâ*, mais on pourrait ajouter que c'est la meilleure sorte de *mâyâ*. On peut utiliser une épine pour en enlever une autre. De même, on peut utiliser la relation Gourou-disciple, semblable à *mâyâ*, pour extirper *mâyâ* dans toutes ses manifestations. *Mâyâ* est si fermement établie en nous que seul l'illusoire Gourou-lion de notre rêve peut provoquer en nous un choc assez violent pour nous réveiller.

BIBLIOGRAPHIE

La matière est ordonnée en deux sections : Livres et Revues. La bibliographie inclut les livres dont les auteurs sont cités dans le récit soit pour corroborer les histoires d'Annamalai Swâmî soit pour fournir un autre récit, complémentaire ou différent. Partout où cela s'est avéré possible, j'ai indiqué les traductions anglaises [et françaises], plutôt que les originaux Sanskrits ou tamils.

Livres

- *Aksharâmanamâlai* : voir *Arunâchala-Shiva* de T.M.P. Mahadevan, éd. Shankara Vihar, Madras, 1978.
- *All is One* : une traduction de *Ellâm Onru* par « Who », éd. Colombo,
- Sri Lanka, 1950.
- *Arunâchala Purânam* (tamil) : Arumuga Navalar, éd. Râmaswâmî Mudaliar and Sons, Madras, 1930.
- *Arunâchala Mâhâtmyam* : traduction, de G.V. Tagare dans *The Skanda Purâna, Part III*, éd. Motilal Banarsidas, Delhi 1993.
- *Be As You Are* : par David Godman, éd. Routledge and Kegan Paul, Londres, 1985.
- *Sois ce que tu es.* Les Enseignements de Shrî Râmana Maharshi, par David Godman, traduit de l'anglais et annoté par Maurice Salen, Paris, Jean Maisonneuve, 1992.
- *The Collected Works of Râmana Maharshi* : réunies par Arthur Osborne, éd. Shrî Râmanasramam, Tiruvannamalai, 1979. Contient les traductions de *Upadesa Sâram, Ulladu Nârpadu, Ulladu Nârpadu Anubandham, Âtma Vidyâ Kîrtanam, Vichâra Mani Mâlai, Aksharâmanamâlai, Devikâlottara, Who am I?*
- *Œuvres réunies*, écrits originaux et adaptations, traduction Christian Couvreur et Françoise Duquesne, Les Éditions Traditionnelles, Paris, 1974.
- *La connaissance de l'Être*, traduction française de *Ulladu Nârpadu* par Henri Hartung, éd. Shrî Râmanasramam, Tiruvannamalai. Diffusion française : Les Éditions Traditionnelles, Paris, Première édition : 1950, 4ᵉ édition : 1972.

- *Day by Day with Bhagavan*: A. Devaraja Mudaliar, éd. Shrî Râmanasramam, Tiruvannamalai, 1977.
- *Ellâm onru :* Vijai R. Subramaniyam, éd. Pinnalur Râmalingam Pillai, 1935.
- *Tout est Un,* traduction Roberto Caputo, éd. Discovery Publisher, France, 2020.
- *Five Hymns to Arunâchala* : Shrî Râmana Maharshi, éd. Shrî Râmanasramam, Tiruvannamalai, 1971.
- *Guru Râmana* : S.S. Cohen, éd. Shrî Râmanasramam, Tiruvannamalai, 1950.
- *Guru Vâchaka Kôvai* : Muruganar, traduit par K. Swaminathan sous le titre *Garland of Guru's Sayings,* éd. Shrî Râmanasramam, Tiruvannamalai, 1990.
- *Kaivalya Navanîtam* : Tandavaraya Swâmî, éd. Shrî Râmanasramam, Tiruvannamalai, 1981.
- *My Recollections of Bhagavan Shrî Râmana* : A. Devaraja Mudaliar, éd. Shrî Râmanasramam, Tiruvannamalai, 1992.
- *No Mind–I am the Self* : David Godman, éd. Shrî Lakshmana Ashram, Ap 524412, Inde, 1986.
- *Pattinatar Tirupadaltirattu* (tamil) : Pattinatar, éd. Ratina Nayakar and Sons, Madras, 1979.
- *Psalms of a Saiva Saint* : Tâyumânavar, Luzac, Londres, 1925.
- *Râmana Darshanam* : Sâdhu Natananda, éd. Shrî Râmanasramam, Tiruvannamalai, 1975.
- *Râmana Maharshi and the Path of Self Knowledge* : Arthur Osborne, éd. Rider and Co., Londres, 1957.
- *Râmana Maharshi et le Sentier de la Connaissance de Soi,* Arthur Osborne, 1re édition : Victor Attinger, Neuchâtel, 1957, 2e édition : Les Deux Océans, Paris, 1989.
- *Râmana Maharshi Nija Swariîpam* (tamil) : Perumal Swâmî. Aucun détail disponible sur l'édition puisque je n'ai pas pu mettre la main sur le moindre exemplaire. Cependant, la date probable d'édition est 1933.
- *Revelation* : Lakshmana Sharma, éd. Shrî Râmanasramam, Tiruvannamalai, 1991.
- *Ribhu Gitâ* : traduction anglaise de H. Ramamoorthy, éd. S.A.T., P.O. Box 8080, 1834 Ocean Street, South Cruz, CA. 95061, USA.
- *À Sâdhu's Reminiscences* : Sâdhu Arunâchala (Major Chadwick), éd.

Shrî Râmanasramam, Tiruvannamalai, 1976.
- *Shivabhôga Sâram* (tamil) : pas d'auteur, éd. Madras Ribbon Press, 87 Tambuchetty Street, Madras, 1923.
- *Shivânandalahari* : dans *Shankara's Hymn to Shiva,* traduction de T.M.P. Mahadevan, éd. Ganesh and Co., Madras, 1963.
- *Subramania Bharati, Chosen Poems and Prose :* Subramania Bharati présenté par K. Swaminathan, éd. Ail India Subramania Bharati Centenary Celebrations Committee, New Dehli, 1984.
- *Sûta Samhitâ* (Sanskrit) : pas d'auteur, éd. Ananda Ashram, 1893.
- *Swarûpa Sâram* (tamil) : Swarupânanda Swâmî, éd. City Printing Works, Madras 14, 1971.
- *Talks with Shrî Râmana Maharshi* : compilés par M. Venkataramiah,. éd. Shrî Râmanasramam, Tiruvannamalai, 8ᵉ éd 1989.
- *L'enseignement de Râmana Maharshi,* traduction d'Alfred Dupuis, Antoinette Perrelli et Jean Herbert, Éditions Albin Michel, Paris 1972.
- *Têvâram* (tamil) : les poèmes de Jnânasambandhar, traduction de T.V. Gopal Iyer et François Gros, éd. Institut Français d'indologie, Pondichéry, 1984.
- *Tirukkural* : Tiruvalluvar, traduction de G.U. Pope, éd. Oxford University Press, 1900.
- *Tiroukkoural,* traduit du tamil par M. Sangeelee, éd. de l'Océan Indien, Rose Hill, Ile Maurice.
- *Upadesa Sârah* (*UpadesaSâram)* : Râmana Maharshi, traduction de Vishwanatha Swâmî, éd. Shrî Râmana Kshetra, Kanvashrama Trust Kerala, 1985.
- *Upadesa Undiyâr* : Râmana Maharshi, traduction de Shrî Sadhu Om et Michael James, éd. Râmana Kshetra, Tiruvannamalai, 1986.
- *Vairâgya Satakam* : Bhartrihari, éd. Advaita Ashram, Almora, 1950.
- *Who am I* ? Râmana Maharshi, traduction de T.M.P. Mahadevan, éd. Shrî Râmanasramam, Tiruvannamalai, 1976.
- *Qui suis-je ?* traduction Henri Hartung, publiée dans le n° 83 de la revue *France-Asie,* août 1953, reprise au chapitre 7 de *Présence de Râmana Maharshi,* Henri Hartung, lᵉ édition : Le Cerf, Paris, 1979, 2ᵉ édition : Dervy-Livres, Paris, 1987.

Revues

- *Arunâchala Râmana*: éd. M.R. Nageswara Rao, Gudivada, 521301, A.P.
- *Kalki Dîpâvalai Malar*: éd. Bharatan Publications, 47, Jawaharlal Nehru Street, Ekkadutangal, Madras, 600097.
- *The Mountain Path*: éd. Shrî Râmanasramam, Tiruvannamalai.

GLOSSAIRE

advaita (ou la non-dualité)	littéralement "non deux". Une école de *Vedânta* qui affirme que *Brahman* seul existe, et que le monde et le soi individuel sont des apparences illusoires en son sein.
ajnâna	ignorance, particulièrement ignorance du Soi.
ajnâni	quelqu'un qui est ignorant de sa vraie nature ; quelqu'un qui n'est pas illuminé.
Aksharâmanamâlai	*La Guirlande Maritale des Lettres* ; un poème de 108 versets, addressé à Arunâchala, composé par Râmana Maharshi vers 1913.
Âlvars	un groupe de saints vishnouïtes (vaishnava) qui vécurent en Inde du Sud il y a plus de mille ans.
ânanda	félicité ; béatitude ; c'est à la fois l'un des aspects fondamentaux et l'une des propriétés fondamentales du Soi.
Annamalai	un nom tamil d'Arunâchala. Il signifie « la montagne inaccessible ou inapprochable ».
anushthânas	rites et rituels traditionnellement accomplis par des brahmanes. Certains sont spirituels et d'autres ont trait à l'hygiène personnelle.
âsana	posture ou position dans le *hatha yoga*.
avatâra	Dieu incarné dans une forme physique ; en particulier, l'une des neuf formes dans lesquelles Vishnou s'est incarné sur terre.
aviyal	un mets sud-indien fait de légumes, de noix de coco et de yaourt.
Bhagavan	« Seigneur » ; la plupart des dévots s'adressaient à Shrî Râmana en tant que *Bhagavan*. Ils utilisaient aussi ce titre quand ils parlaient de lui à la troisième personne.
bhajan	chant dévotionnel.

bhakta	un dévot, quelqu'un qui a de la dévotion.
bhakti	dévotion ; l'état de dévotion spirituelle
bhikshâ	nourriture reçue comme aumône ; le don d'une telle nourriture ; l'action d'aller la mendier.
Brahman	la réalité absolue impersonnelle de l'hindouisme.
darshan	« vue » ; voir ou être vu par un saint homme ou la divinité d'un temple.
dhal	lentilles ; les graines cuites de plantes légumineuses.
dharma	le principe éternel de l'action juste ; devoir moral ; loi divine ; tradition religieuse.
dhôti	une longue bande de tissu portée comme une jupe par les hommes.
dhyâna	méditation.
garbhagriha	le sanctuaire d'un temple.
giri pradakshina	*giri* signifie montagne ; voir *pradakshina* pour *giri pradakshina*.
grihapravêsam	cérémonie d'inauguration, habituellement d'une maison.
grihastha	chef de famille.
guna	littéralement « qualité » ; de nombreuses sectes hindoues maintiennent que la nature consiste en trois qualités, jamais au repos, appelées *sativa* (harmonie ou clarté), *rajas* (activité) et *tamas* (inertie ou torpeur), dont l'une est toujours prédominante. L'interaction mutuelle des *gunas* explique la qualité de tous les changements dans les manifestations physiques et mentales. En *rajoguna*, *raja* prédomine ; en *tamoguna*, *tamas* prédomine ; en *sattvaguna*, *sativa* prédomine.
hatha yoga	une branche du yoga qui s'intéresse principalement à la maîtrise du corps par des postures physiques spécifiques.

iddlies	petits gâteaux ronds, cuits à la vapeur, faits de riz et de *black gram* (une légumineuse). Une ration d'*iddlies* constitue le petit déjeuner habituel à Shrî Râmanasramam.
Îshwara	le suprême Dieu personnel de l'hindouisme.
japa	« le fait de prononcer » ; désigne habituellement la répétition d'un nom de Dieu.
jayanti	« victoire » ; le jour où est célébré l'anniversaire de Bhagavan.
jîva	le soi individuel.
jîvanmukta	« libéré vivant » ; quelqu'un qui est libéré pendant qu'il est encore en vie.
jîvanmukti	libération pendant que l'on est encore en vie.
jnâna	connaissance ; l'état dans lequel on sait, d'expérience, ce qui est réel et incontestable.
jnâni	un être réalisé ; celui qui connaît la réalité.
kamandalu	pot à eau ; traditionnellement ceux-ci sont faits avec des coques de noix de coco.
kanji	gruau ; habituellement le terme désigne le gruau de riz.
karma	action ; la loi de la rétribution des actes qui apporte à l'auteur d'une action, dans cette vie ou dans une vie future, les conséquences bonnes ou mauvaises de son action. La voie de l'action (*karma-yoga*) vise à atteindre la délivrance par des actes vertueux.
kumutti	brasero à charbon de bois.
kundalinî	énergie psychique latente qui, lorsqu'elle est activée par la pratique du yoga, s'élève le long d'un canal dans la colonne vertébrale (le *sushumnâ*), activant et énergétisant des centres psychiques appelés *chakras*.
lingam	une colonne de pierre verticale au sommet arrondi ; symbole de Shiva non manifesté, objet de culte dans le sanctuaire de tous les temples shivaïtes.

mahâtmâ	« grande âme » ; aussi : titre honorifique, comme dans « Mahâtmâ Gandhi ».
mantra	formule sacrée ; mot ou phrase donné à un disciple par son Gourou ; la répétition du *mantra (mantra-japa)* est une des formes les plus communes de *sâdhanâ*.
math	une institution hindoue ou un centre qui a été créé dans un but particulier tel qu'honorer la mémoire d'un saint, chanter des *bhajans*, diffuser des enseignements, etc.
mâyâ	littéralement une image fantôme, une illusion ; dans le *Vedânta*, ce mot désigne le monde éphémère, distinct de la Réalité immuable.
mekkedu	la liste sur laquelle Annamalai Swâmî écrivait combien chaque ouvrier devait être payé. Aucune des personnes à qui j'ai parlé, excepté Annamalai Swâmî, n'a jamais entendu parler de ce mot, bien qu'il maintienne qu'il était d'usage commun à l'époque où il travaillait. C'est peut-être une altération de *makkedu* – *makkal* (gens) plus *edu* (feuille) – une liste de noms, écrite initialement sur des feuilles de palmier.
moksha	libération, illumination.
mukta	quelqu'un qui a atteint la libération (ou l'illumination).
mukti	libération, illumination.
namaskâram	une prosternation sur le sol, faite en témoignage de respect et de vénération.
navarâtri	littéralement « neuf nuits » ; fête de dix jours, qui a lieu habituellement en octobre, pendant laquelle on célèbre chaque jour un aspect différent de la divinité féminine.

nirvikalpa	« pas de différences » ; le terme désigne généralement une sorte de *samâdhi* dans lequel il y a une complète expérience du Soi, mais pas de conscience du corps ni du monde.
nishthâ	littéralement « en équilibre » ou « en état d'équilibre ». Le mot désigne en général l'état dans lequel on est établi en permanence dans le Soi.
nungu	fruit de l'arbre palmyra, ayant un peu l'apparence d'une noix de coco pourpre. Il contient trois fruits en forme de lentille qui sont encastrés dans la fibre de la coque.
padmâsana	la posture du lotus complet ; une position jambes croisées dans laquelle les talons reposent sur le haut des cuisses.
pandal	un toit provisoire ; en Inde du Sud ils sont souvent faits de bambou et de feuilles de cocotier tressées.
pâpam	péchés ; les conséquences karmiques des actes immoraux.
pârâyana	la psalmodie d'œuvres scripturaires.
pâthasâlâ	école qui enseigne la connaissance des *Vedas* (et la manière correcte de les psalmodier) aux jeunes brahmanes.
pongal	un plat fait de riz, de lentilles et de quelques épices.
pradakshina	acte de vénération ou de culte qui consiste à faire en marchant le tour d'un objet sacré, d'une personne ou d'un sanctuaire. Dans ce livre le terme désigne le fait de faire ainsi le tour d'Arunâchala.
prâna	souffle ; énergie vitale qui soutient les activités du corps et du mental. Cette énergie est associée à la respiration.

prânâyâma	exercices de respiration destinés à agir sur le *prâna* ou à le contrôler. La philosophie du yoga soutient que le mental et le souffle sont liés : le contrôle de l'un entraîne donc le contrôle de l'autre.
prârabdha-karma	cette partie de notre *karma* qui s'accomplit dans cette vie. Comme la loi du *karma* implique le déterminisme dans les activités humaines, *prârabdha* est souvent traduit par « destinée ».
prasâd	tout ce qui est offert à un Gourou ou à une divinité devient *prasâd* quand le dévot le reçoit en retour. La nourriture est la forme la plus commune de *prasâd*.
pûjâ	le culte cérémoniel d'une divinité hindoue.
punya	mérite accumulé en accomplissant de bonnes actions.
rajas	voir *gunas*.
rajoguna	voir *gunas*.
rassam	une soupe épicée dont les principaux ingrédients sont le poivre et le tamarin.
rishi	poète ou sage inspiré ; « voyant » ; terme védique désignant quelqu'un qui voit les significations intérieures des vérités scripturaires. Un des titres de Bhagavan était « le Maharshi », ce qui signifie : « le grand voyant » ou le « grand sage ».
Sadguru	un Gourou qui non seulement perçoit la réalité, mais qui l'a réalisée dans sa plénitude et y est à demeure, et qui a la capacité d'établir les disciples dans le même état.
sâdhanâ	une méthode ou une pratique spirituelle.
sâdhu	un chercheur spirituel à plein temps, habituellement quelqu'un qui a renoncé à la vie de famille de manière à poursuivre un but spirituel.
sahaja	« naturel » ; *sahaja samâdhi*, l'état de réalisation permanente dans lequel le mental a été irrévocablement détruit.

samâdhi	un état semblable à une transe, dans lequel on fait l'expérience du Soi, la réalité. Bhagavan distinguait le *nirvikalpa samâdhi,* qui est une expérience momentanée du Soi dans laquelle le corps et le monde sont absents, et le *sahaja samâdhi* (*sahaja* signifie « naturel »), l'état de réalisation permanente dans lequel on peut fonctionner normalement dans le monde. Le mot désigne aussi le tombeau ou la tombe d'un saint.
sambar	une sauce épicée de l'Inde du Sud. Mangée avec du riz, elle est un des éléments essentiels de tous les repas en Inde du Sud.
samsara	la ronde de l'existence dans le monde ; le cycle des naissances et des morts ; l'illusion du monde.
samskâra	tendance ou prédisposition mentale ; impression latente dans le mental, particulièrement une impression provoquée par les tendances des vies antérieures.
sanchita karma	« l'entrepôt de *karma* » ; le *karma* accumulé de toutes les naissances antérieures, dont nous expérimentons une petite portion, le *prârabdha karma,* dans notre vie actuelle.
sannyâsa	le stade final de la vie hindoue, dans lequel on quitte les responsabilités du monde et la vie de famille pour une vie errante comme moine mendiant.
sannyâsin	quelqu'un qui a fait les vœux du *sannyâsa* ; un moine qui a renoncé au monde de manière à rechercher à plein temps la libération spirituelle.
sarvâdhikari	litt. « dirigeant de tout » ; un titre pris par Chinnaswâmî, le frère de Bhagavan, quand il prit la direction de Râmanasramam.
sat	l'Être, ce qui est, réalité, vérité.

satsang	« association avec *sat* » ; cela peut prendre la forme de la fréquentation d'un être réalisé ou bien cela peut être une association intérieure avec son propre Soi.
sattva	voir *gunas*.
sattva guna	voir *gunas*.
shakti	énergie, pouvoir ; l'aspect dynamique du Soi qui provoque l'apparition de la manifestation.
shânti	paix ; un des aspects fondamentaux ou une des propriétés fondamentales du Soi.
shâstras	Écritures ; plus spécifiquement, les textes canoniques de l'hindouisme.
siddhi	« accomplissement » ou « aptitude » ; désigne habituellement l'acquisition de pouvoirs surnaturels tels que la télépathie ou la clairvoyance.
sthapati	architecte de temple ou sculpteur.
tamas	voir *gunas*.
tapas	habituellement cela signifie méditation en relation avec des pratiques d'abnégation ou de mortification corporelle. Les privations inhérentes au *tapas* passent pour accélérer le progrès spirituel. *Tapas* vient de la racine *tap*, « chaleur, échauffement ». Faire du *tapas* c'est brûler toutes ses impuretés par une intense pratique spirituelle.
Tirtham	réservoir d'eaux sacrées ayant habituellement l'aspect d'un étang carré, avec des marches descendant jusqu'à l'eau.
upadesa	enseignements spirituels, particulièrement ceux donnés par un Gourou à un disciple.
vadai	un entremets frit, non sucré et croquant, fait de farine de *dhal*, d'épices et de légumes.
vairâgya	détachement.

vâsanas	impressions mentales inconscientes ; la conscience présente des perceptions passées ; connaissance qui provient de la mémoire ; tendances latentes du mental constituées par les actions, les pensées et les désirs antérieurs.
Vedânta	litt. « fin des Vedas » ; philosophie issue des *Upanishads,* de la *Bhagavad Gîtâ,* et des *Brahma Sutras.* Les *Upanishads* sont des textes métaphysiques issus des *Vedas.*
Vedas	Quatre recueils d'Écritures datant (?) de 2000 av. J.-C. à 500 av. J.-C. qui sont la suprême source d'autorité pour la plupart des hindous.
vibhûti	cendre sacrée que l'on s'étale sur le front, ou parfois, sur d'autres parties du corps.

Les Éditions **Discovery** est un éditeur multimédia dont la mission est d'inspirer et de soutenir la transformation personnelle, la croissance spirituelle et l'éveil. Avec chaque titre, nous nous efforçons de préserver la sagesse essentielle de l'auteur, de l'enseignant spirituel, du penseur, guérisseur et de l'artiste visionnaire.

www.ingramcontent.com/pod-product-compliance
Lightning Source LLC
Chambersburg PA
CBHW010044090426
42735CB00018B/3387